The Great
सेल्समैन

The Great सेल्समैन

(No. 1 Salesman बनें)

संदीप गज्जर

प्रकाशक
प्रभात प्रकाशन प्रा. लि.
4/19 आसफ अली रोड, नई दिल्ली–110002
फोन : 23289777 • हेल्पलाइन नं. : 7827007777
इ–मेल : prabhatbooks@gmail.com ❖ वेब ठिकाना : www.prabhatbooks.com

संस्करण
2025

मूल्य
तीन सौ रुपए

मुद्रक
रॉयल ऑफसेट, दिल्ली

———————— ★ ————————

THE GREAT SALESMAN
by Shri Sandeep Gajjar

Published by **PRABHAT PRAKASHAN PVT. LTD.**
4/19 Asaf Ali Road, New Delhi-110002

ISBN 978-93-5048-125-7

₹ 300.00

उन शक्तियों और परिस्थितियों
को समर्पित
जिन्होंने मुझे
एक सफल सेल्समैन
बनने में मदद की।

भूमिका

मानव-जीवन क्रय-विक्रय पर निर्भर है। जीवन में हम सभी कुछ बेचते हैं तो कुछ खरीदते हैं। एक अच्छा सेल्समैन वही है, जो मिट्टी का भी मोल बना ले। 'पंचतंत्र' में एक कथा आई है, जिसमें एक बेरोजगार एक मृत चूहे को बेचकर बड़ा और प्रतिष्ठित व्यापारी बन जाता है।

आज की दुनिया खरीददारों की दुनिया है—बस कमी है तो अच्छे सेल्समैनों की! 'अगर आप अपने कस्टमर का खयाल नहीं रखते तो आपका प्रतिद्वंद्वी रखेगा और वह आपसे आगे निकल जाएगा।' फिर आप नंबर वन सेल्समैन बनने की दौड़ में पिछड़ जाएँगे। जिस व्यक्ति की सोच सकारात्मक होती है, लोग उसकी ओर अधिक और सहज रूप से आकृष्ट होते हैं—चेहरे पर एक स्वागतपूर्ण मुसकान बाकी काम कर देती है और आप नंबर वन सेल्समैन बन जाते हैं।

आज बाजार में सेल्स के नए-नए रंग-रूप देखने को मिलते हैं—माल बेचना तो विक्रय का पारंपरिक रूप है, लेकिन यहाँ तो अच्छा वक्ता अपने विचार बेचकर ही मालामाल हो रहा है। एक लेखक भी अपने विचारों से महान् बनता है और उसकी रचनाएँ 'बेस्ट सेलर' की सूची में शामिल हो जाती हैं। इस दृष्टि से वह भी नंबर वन सेल्समैन बन जाता है।

आप जो भी कुछ बेच रहे हैं, क्या उसके बारे में आपको पूरी जानकारी है? यदि आपके पास आधी-अधूरी जानकारी है तो भूल जाएँ कि आप नंबर वन सेल्समैन बनने की कतार में हैं। आप जब कस्टमर के सभी प्रश्नों के सटीक उत्तर देंगे, तभी वे संतुष्ट होंगे और आपसे सामान खरीदेंगे। अगर आप दो बार 'नो थैंक्स' कहने के बावजूद कस्टमर के पीछे पड़े रहते हैं तो फिर वे भविष्य में कभी मुड़कर आपके पास नहीं आते। वहीं आप सहज और सरल भाव से मुसकराकर उन्हें विदा करते हैं

तो जरूरत पड़ने पर वे अवश्य आपके पास आएँगे या आपको कॉल करेंगे।

कस्टमर को कुछ समय दें जाँचने-परखने, पहचानने का; यह नहीं कि फौरन ही उन्हें लपक लें। इस दृष्टि से आज की मॉल-संस्कृति ठीक है, जहाँ कस्टमर के पास जाँचने, परखने और छाँटने के पर्याप्त अवसर होते हैं। यहाँ जरूरत पड़ने पर ही सेल्समैन कस्टमर की मदद को आते हैं।

कस्टमर को सामान की अच्छाइयों के साथ-साथ कमियाँ भी बेझिझक बता दें। इससे बड़ा सकारात्मक प्रभाव पड़ता है। यह एक कड़वी सच्चाई है कि सेल्समैन को 'हाँ' से ज्यादा 'ना' सुननी पड़ती है। यह याद रखें कि 'ना' या 'नो' शब्द सेल्स से गहराई से जुड़ा हुआ है। जो जितनी ज्यादा 'नो' सुनने की हिम्मत रखता है, वह उतनी ही शिद्दत से सेल्स करता है।

प्रस्तुत पुस्तक यही सिखाती है। यह आपको अच्छे सेल्समैन से सर्वोत्तम सेल्समैन बनाती है। यह सिखाती है कि एक सेल्स टीम का नेतृत्व करने का बेहतर तरीका क्या है? अपने प्रतिद्वंद्वी से स्पर्द्धा करते हुए अपनी बिक्री और मुनाफा कैसे बढ़ाएँ? गलत फैसलों से कैसे बचें और अच्छे फैसले कैसे लें।

यह याद रखें कि इस दुनिया में हर आदमी एक सेल्समैन है—कोई अच्छा और कोई बहुत अच्छा। पर बुरा कोई नहीं है। यह पुस्तक आपको बहुत अच्छा सेल्समैन बनाने की दिशा में ले जाती है।

—संदीप

अनुक्रमणिका

सेल्समैन की चार श्रेणियाँ

आप किस तरह के सेल्समैन हैं? सेल्समैन की चार श्रेणियों के बारे में समझने के बाद आप निर्धारित कर सकते हैं कि अपनी क्षमता के अनुसार किस प्रकार का सेल्समैन बनना आप पसंद करेंगे। इन श्रेणियों की परिभाषा के जरिए जहाँ आपको विक्रय-कला के महत्त्वपूर्ण सूत्रों की जानकारी मिलेगी, और विक्रय के क्षेत्र में निर्धारित मुकाम को हासिल करना आपके लिए आसान हो जाएगा और आप श्रेष्ठ प्रदर्शन करनेवाले सेल्समैन बन जाएँगे। अगर आप बिक्री के क्षेत्र में रुचि रखते हैं और इस क्षेत्र के प्रति आपके मन में प्रतिबद्धता का भाव है तो निश्चित रूप से आपकी तमन्ना सर्वश्रेष्ठ प्रदर्शनकर्ता बनने की होगी।

बिक्री के गलत तरीकों का उपयोग करने से आप श्रेष्ठ प्रदर्शन नहीं कर पाएँगे। जिसके कारण जिस उमंग से आपने सेल्समैन बनने का फैसला किया था वह गायब हो जाएगी।

योग्यता के बिना आप किसी भी श्रेणी के सेल्समैन नहीं बन सकते।

सेल्समैन की किसी भी श्रेणी में योग्यता के बिना शामिल हो पाना मुमकिन नहीं है। प्रत्येक श्रेणी की कसौटी है कि आपके भीतर ग्राहकों को आकर्षित करने और प्रभावित करने की योग्यता मौजूद हो।

इन श्रेणियों की परिभाषा के जरिए आपको दो बुनियादी चुनौतियों से निबटने की अपनी क्षमता का आकलन करने का अवसर मिलेगा। ये बुनियादी चुनौतियाँ हैं—परिवर्तन या जोखिम को स्वीकार करने की योग्यता और कार्य को अंजाम तक पहुँचाने की योग्यता। याद रखें कि इनमें से किसी भी श्रेणी को 'सबसे सटीक' का दर्जा नहीं दिया गया है और आप किसी भी श्रेणी में रहते हुए बुलंदी तक पहुँच सकते हैं। ऐसे कम सेल्समैन ही होंगे जो इन श्रेणियों के अधिकतम

मानदंडों को पूरा करते होंगे।

बिक्री का अर्थ कदम उठाना होता है और हममें से हर व्यक्ति अलग-अलग तरीके से कदम उठाता है। कुछ लोग पहले कदम उठाते हैं और बाद में विचार करते हैं। कुछ लोग असमंजस में फँसे रहते हैं। ऐसे लोग जीवन या व्यापार में कोई भी कदम काफी फूँक-फूँककर रखते हैं। जब भी निर्णय लेने का समय आता है, हम सभी अपने स्वाभाविक सुरक्षा कवच के दायरे में रहकर। कदम उठाने का हैं या न उठाने का निर्णय लेते है। सफल व्यक्ति सूझ-बूझ के साथ इस चुनौती का सामना करते हैं।

परिवर्तन चारों तरफ दिख रहा है और यह हमारे जीवन में लगातार होता ही रहता है। 21वीं शताब्दी में व्यापार के माहौल में तीव्रता के साथ परिवर्तन हो रहा है और इसी के आधार पर भविष्य के व्यापार का माहौल भी तैयार हो रहा है। कुछ लोग परिवर्तन को स्वीकार करते हैं और नए अनुभवों का सच्चे अर्थों में आनंद उठाते हैं। कुछ ऐसे भी लोग होते हैं जिनके लिए परिवर्तन असुविधाजनक होता है और जो परिवर्तन को टालने या उससे बचने के लिए किसी भी हद तक जा सकते हैं। जोखिम को परिवर्तन का साथी कहा जाता है। जब आप परिवर्तन को स्वीकार करते हैं तो इसके साथ-साथ जोखिम को भी स्वीकार करते हैं।

बिक्री के कार्य दोहरानेवाले और पहले से निश्चित भी हो सकते हैं या अनोखे और अन्वेषणात्मक किस्म के भी हो सकते हैं।

परिवर्तन के प्रति आपका नजरिया कैसा होता है? इसी बात पर निर्भर करेगा कि बिक्री के क्षेत्र में आप खुद को कितना योग्य साबित कर पाएँगे। ऐसे कई सफल सेल्समैन हैं जो कहते हैं—''मैंने इस परिवर्तन को अवसर के रूप में देखकर इसका भरपूर फायदा उठाया।'' और कुछ सेल्समैन कहते हैं—''मैं इस परिवर्तन की वजह से अपना योग्य प्रदर्शन नहीं कर पाया।''

आप किसी भी श्रेणी के सेल्समैन क्यों न हों, आप चाहें तो नंबर 1 सेल्समैन बन सकते हैं। लेकिन इसके लिए आपको इन सूत्रों को याद रखना होगा—

- बिक्री के क्षेत्र में निर्णय लेना और परिवर्तन को स्वीकार करना आवश्यक है।
- आपके व्यक्तिगत विक्रय की उपलब्धियों और आपके बिक्री संबंधी दायित्वों के अंतर का प्रबंधन करने से आपकी सफलता की संभावना और बढ़ जाएगी। ऐसा कार्य जो आपकी श्रेणी के साथ सीधा संबंध न रखता हो, उसे हाथ में लेकर श्रेष्ठ प्रदर्शनकर्ता के स्तर तक पहुँचना

चुनौतीपूर्ण लक्ष्य बन सकता है।

- व्यक्तिगत विक्रय-कुशलता और व्यक्तिगत विशिष्टताओं में निरंतर सुधार करने से आप सफलता की तरफ कदम बढ़ा सकते हैं।

सेल्समैन की पहली श्रेणी : अन्वेषण (Investigation) करनेवाला

अन्वेषण करनेवाले अपने लक्ष्य की तरफ ध्यान केंद्रित रखते हैं। वे जहाँ परिवर्तन को स्वीकार करते हैं वहीं तेजी से कदम भी उठाते हैं। किसी भी विक्रय संगठन के भीतर वे अपनी अद्‍भुत ऊर्जा के कारण खास पहचान बना लेते हैं। निर्णय लेने की शक्ति से भरपूर होने के कारण वे लगातार नई गतिविधियों को संचालित करते हैं और नए अवसरों की खोज करते रहते हैं। ऐसे लोगों को सटीक परिणाम मिले या न मिले, मगर उन्हें प्रयास करने के लिए श्रेय जरूर दिया जाता है। परिवर्तन को ऐसे लोग जिस सहजता के साथ स्वीकार करते हैं उसकी वजह से वे नवीनतम या मौलिक विक्रय-विधियों को भी अपनाने का निर्णय ले सकते हैं। ऐसे लोगों को जन्मजात नेतृत्वकर्ता माना जाता है। वे निर्भीक होते हैं और जोखिम का बेहिचक सामना करते हैं।

अन्वेषण करनेवाले जब परिवर्तन स्वीकार करने और कदम उठाने की अपनी योग्यता के आधार पर विक्रय की योग्यता का विकास कर लेते हैं तो वे श्रेष्ठ प्रदर्शनकर्ता की ऊँचाई पर पहुँच जाते हैं। ऐसे लोग अपने कैरियर के आरंभ में 'नाकाम मिसाइल' की तरह हो सकते हैं। वे कई तरह की गतिविधियों में अपनी शक्ति को बिखेर सकते हैं। एकाग्रता की कमी की वजह से वे गलत संभावनाओं और व्यावसायिक अवसरों पर समय और ऊर्जा खर्च कर सकते हैं। अन्वेषण करनेवाले के लिए बुनियादी दक्षताएँ, अनुशासन और विक्रय कार्य की विधियों को सीखना तथा प्रबंधन करना कठिन होता है। वे मेधावी होते हैं और अकसर विक्रय के गुणों को तेजी से सीखते हैं। जो नहीं सीख पाते वे अपने सीखने के अनुभवों पर निर्भर नहीं करते बल्कि वे अपनी ऊर्जा के बल पर कामयाबी हासिल करना चाहते हैं।

अन्वेषण करनेवालों को चुनौतीपूर्ण विक्रय-दायित्व स्वीकार करना चाहिए, क्योंकि वे परिवर्तन को स्वीकार करने में माहिर होते हैं। ऐसे सेल्समैन सुनियोजित दायित्व के प्रति तेजी से उदासीन हो सकते हैं। अन्वेषण करनेवाले उद्यमी होते हैं और वे व्यवसाय को अपनी तरफ आकर्षित करते हैं। वे इस तरह की बातें कह सकते हैं—'मुझे एक नया उत्पाद या विचार दो, फिर मैं दिखाता हूँ कि कहाँ

और कैसे इसे बेचा जा सकता है।'

अन्वेषण करनेवाले अकसर आकर्षक वेतन एवं कमीशन की माँग करते हैं। एक तरफ वे जोखिम उठाने के लिए तैयार रहते हैं, दूसरी तरफ वे आकर्षक कमीशन पर भी अपना हक समझते हैं।

असल में उन्हें सफलता पर विश्वास होता है और बेहतर पारिश्रमिक के बदले वे जोखिम का सामना करने के लिए तैयार रहते हैं। जब वे किसी एक दायित्व को निभाने में सफल नहीं होते तो वे किसी दूसरे आकर्षक अवसर की तरफ कदम बढ़ा देते हैं। परिवर्तन को सहजता के साथ स्वीकार करना उनकी विशेषता होती है। व्यवसाय की परिस्थितियों, नए सिरे से दायित्वों का प्रबंध करने के लिए परिवर्तन को स्वीकार करने में उन्हें कठिनाई नहीं होती। सिर्फ एक बात पर ध्यान रखना जरूरी है कि जब उन्हें अपने मौजूदा मालिक पर भरोसा नहीं रह जाता तो किसी नए अवसर या चुनौती की तरफ छलाँग लगाते हुए वे तनिक भी नहीं हिचकते।

खोज करनेवाले ऐसे विक्रय-दायित्वों को पसंद करते हैं—

- ऐसा विक्रय-दायित्व जिसके तहत बाजार में किसी नए उत्पाद या धारणा को प्रस्तुत करना हो।
- नए व्यापारिक उपक्रम।
- ऐसा विक्रय दायित्व जिसके तहत पहले से प्रचलित उत्पादों के लिए नए बाजार की खोज करनी हो।
- ऐसे बाजार और उत्पाद जो अपूर्ण या अपरिभाषित हों।
- ऐसे विक्रय-दायित्व जिसमें आधारभूत ढाँचा और सहयोग की मात्रा बिलकुल कम हो।

सेल्समैन की दूसरी श्रेणी : शिकार करनेवाला

अकसर अन्वेषण करनेवाले की श्रेणी की तुलना शिकार करनेवाले की श्रेणी के साथ की जाती है। यह सच है कि इन दोनों ही प्रकार के सेल्समैन सबसे अधिक कार्य करने में विश्वास रखते हैं। इन दोनों में एकमात्र और महत्त्वपूर्ण फर्क सुरक्षा की आकांक्षा और जोखिम उठाने की क्षमता का होता है।

अमेरिकी उदाहरण से इन श्रेणियों पर रोशनी डाली जा सकती है। 18वीं शताब्दी में मेरी वीदर लेवीस और विलियम क्लार्क सच्चे अन्वेषक थे। उन्होंने नए भूक्षेत्रों, नदियों एवं प्रकृति के अद्‌भुत नजारों की खोज की, जिनके बारे में

उनके समकालीन लोगों को कोई जानकारी नहीं थी। बाद में 19वीं शताब्दी में अमेरिका में अनगिनत नागरिकों ने बंजर इलाकों में शिकार करना और खेती करना शुरू कर दिया। वे ऐसे साहसी स्त्री-पुरुष थे जिन्होंने वीरान इलाकों में गाँवों और शहरों को आबाद कर अपने समुदाय के लिए ऐसा सुरक्षाबोध पैदा किया, जिसके प्रति अन्वेषकों की रुचि नहीं थी।

शिकार करनेवाले मेहनती, ऊर्जावान और समर्पित होते हैं। उच्च स्तर के पेशेवर लोग इसी श्रेणी से संबंध रखते हैं। ऐसे लोग अपने कैरियर के शुरुआती दौर से ही उत्पाद और सर्विस की बिक्री करने की दक्षता हासिल कर लेते हैं। शिकार करनेवाले जिस कंपनी में काम करते हैं, उसके साथ लंबे दिनों तक बने रहते हैं। वे अपने व्यवसाय के प्रति पूरी तरह समर्पित होते हैं और कंपनी को कामयाब बनाने में अहम् भूमिका निभाते हैं। उनका यह रवैया उनकी सहज आकांक्षा का ही विस्तार होता है जिसके तहत वे सुरक्षित वातावरण में अपने कार्य को अंजाम देना पसंद करते हैं।

जब उन्हें विक्रय का नया दायित्व मिलता है तो वे संघर्ष कर सकते हैं और वे अपनी पिछली सफलता को दोहराने के लिए पूरी ताकत झोंकने के लिए तैयार हो सकते हैं। नई व्यावसायिक परिस्थितियों में उन्हें परिवर्तन या पुनः संगठन के संबंध में स्पष्ट आश्वासन और संवाद की आवश्यकता होती है। उन्हें जब बाजार के बिगड़ते हालात या उत्पाद की लोकप्रियता में कमी का सामना करना पड़ता है तो उनकी सबसे पहली प्रतिक्रिया पिछले प्रदर्शन की तुलना में अधिक मेहनत करने की होती है। उनका समर्पण अटूट होता है और उनके मन में सुरक्षा की चाह रहती है।

उन्हें प्रतिस्पर्धा के आधार पर वेतन का प्रस्ताव लुभाता है। वे कमशीन को महत्त्वपूर्ण समझते हैं। मगर वे बुनियादी वेतन की सुरक्षा को प्राथमिकता देना पसंद करते हैं। बुनियादी वेतन में वृद्धि को वे अत्यंत सकारात्मक नजरिए से देखते हैं, दूसरी तरफ अन्वेषण करनेवाले कमीशन दर में वृद्धि को अधिक महत्त्वपूर्ण समझते हैं।

शिकार करनेवाले ऐसे विक्रय-दायित्वों को पसंद करते हैं—

- अच्छी तरह परिभाषित उत्पाद को ऐसे बाजार में बेचना जो अस्थिरता की स्थिति में या जोखिम भरा न हो।
- निश्चित सहयोग के साथ एक स्थिर सहायता ढाँचा।
- एक कंपनी या व्यापार जिसका निश्चित माहौल हो।

सेल्समैन की तीसरी श्रेणी : प्रतिरोध करनेवाला

इस श्रेणी के सेल्समैन चुनौती की तरह होते हैं जिनमें बहुत अधिक संभावनाएँ होती हैं। परिवर्तन को स्वीकार करने और निर्णय लेने को लेकर वे अपनी योग्यता के विवाद में उलझे रहते हैं। इस श्रेणी को एक प्राचीन कहावत के जरिए सटीक तरीके से परिभाषित किया जा सकता है—आदमी अपने कार्य से अपनी खूबी को साबित कर सकता है।

प्रतिरोध करनेवाले परिवर्तन को बुद्धिसम्मत बना सकते हैं। वे इसकी आवश्यकता के समर्थन में तर्क ढूँढ़ सकते हैं और इसे आसानी से स्वीकार कर सकते हैं। इस मामले में उनमें खोज करनेवालों जैसी खूबी होती है, मगर प्रतिरोध करनेवाले कदम उठाने के साथ-साथ संघर्ष भी करते हैं। उनकी दो आदतें उल्लेखनीय होती हैं—

- पहली, असफलता का आरोप मैनेजरों, सहकर्मियों या बाहरी परिस्थितियों पर लगाते हैं, उदाहरण के लिए, 'मैं इस कार्य को सफल नहीं बना पाया क्योंकि मेरे पास मार्केटिंग मैटेरियल की कमी थी।' या 'हमारा प्रेजेंटेशन सही नहीं है।' सुविधाजनक दायरे से बाहर निकलकर कार्य करना प्रतिरोध करनेवाले के लिए कठिन होता है। दूसरी तरफ अन्वेषण करनेवाले समान परिस्थिति में घबराए बिना समस्या को हल करने के लिए तेजी से निर्णय लेने में सक्षम होते हैं।
- दूसरी, प्रतिरोध करनेवाले मूल काम को टालकर प्रोजेक्ट बनाने या गैर-जरूरी कार्यों में व्यस्त रहते हैं, जिसकी वजह से उन्हें बिक्री के क्षेत्र में कोई नया अवसर नहीं मिलता।

उदाहरण

"नीता एक लोकप्रिय और मिलनसार सेल्समैन थी। वह मार्केटिंग टीम की मदद के लिए उदारता के साथ अपना समय देने के लिए तैयार रहती थी या उत्पाद की गुणवत्ता बढ़ाने के लिए इंजीनियरों की मदद करती थी। कंपनी की बेहतरी के संबंध में परामर्श देने के लिए वह हमेशा उपलब्ध रहती थी। उसका प्रदर्शन औसत किस्म का था लेकिन हमें याद दिलाया जाता था कि उसका कार्यक्षेत्र श्रेष्ठ नहीं था और हम उसे पेशेवर तरीके से कार्य करने के लिए प्रबंधकीय अथवा उत्पाद संबंधी सहयोग नहीं मुहैया करवा रहे थे। जब हमने उसके एक सहकर्मी को उसका सेल्स मैनेजर बना दिया तो वह काफी परेशान हो उठी। कंपनी के

वरिष्ठ प्रबंधक ने उससे कहा, अन्य बातों में उलझने की जरूरत नहीं है, अपनी सफलता की जिम्मेदारी खुद ही सँभालो, बहानेबाजी को भूल जाओ, व्यापार का विस्तार करो या सेल्स टीम से अलग हो जाओ। कुछ ही महीनों में नीता की बिक्री के प्रदर्शन में नाटकीय रूप से सुधार नजर आने लगा।''

अस्थिर, संवेदनशील और अनछुए बाजारों में उत्पाद या सर्विस बेचनेवाले एक्जीक्यूटिव और सेल्स मैनेजर समझ सकते हैं कि उनकी सेल्स टीम में कौन सा सदस्य प्रतिरोध करनेवाले की श्रेणी में आता है। वैसे इस बात का पता लगाने में महीनों या सालों तक का समय लग सकता है। आपको इस तरह की बातें सुनने को मिल सकती हैं—

> ''विनीत हमारा एक होनहार सेल्स प्रतिनिधि था। लेकिन जब हमने अपने उत्पाद को एक नए बाजार में उतारा तो वह कभी भी अपने पिछले प्रदर्शन को दोहरा नहीं पाया। मुझे लगा कि वह समझ रहा था कि उत्पाद को अलग अंदाज में बेचना होगा, लेकिन वह अपनी क्षमता के स्तर के साथ जूझ रहा था और नए लक्ष्य के साथ तालमेल कायम करने की कोशिश कर रहा था।''

नए-नए सेल्समैन इंटरव्यू के वक्त परिवर्तन के लिए उत्सुक नजर आते हैं, मगर जब वास्तव में कुछ कर दिखाने का मौका आता है तो वे कदम उठा नहीं पाते। ऐसा क्यों होता है?

''राजेश जब हमारी कंपनी में आया तब वह नए व्यावसायिक उपक्रमों का अंग बनने के लिए, चुनौतियों को स्वीकार करने के लिए और नए बाजार में ग्राहकों को लुभाने के लिए बेकरार नजर आ रहा था। अस्थिर वातावरण में बिक्री बढ़ाने के सारे गुर और जवाब वह बता सकता था, इसके बाजवूद जब कदम उठाने का वक्त आया तो वह फिसड्डी साबित हुआ।''

प्रतिरोध करनेवाले अगर समझ जाएँ कि असमंजस और टालमटोल से बचकर कार्य के प्रति ध्यान केंद्रित किया जाए तो वे श्रेष्ठ प्रदर्शन कर सकते हैं। जब बिक्री की प्रक्रिया में दुविधा दिखाई दे तब सेल्स मैनेजर ठोस कदम उठाने की बात कहकर सेल्समैन को प्रेरित कर सकते हैं और उसके प्रदर्शन को सुधारने में मदद कर सकते हैं।

नियोक्ताओं को उस समय परेशानी का सामना करना पड़ सकता है जब वे प्रतिरोध करनेवाले सेल्समैन को अन्वेषण करनेवाला सेल्समैन मान बैठते हैं।

प्रतिरोध करनेवाले ऐसे विक्रय-दायित्वों को पसंद करते हैं—

- एक सुपरिभाषित और प्रचलित उत्पाद जिसका बाजार भी सुपरिचित हो।
- एक मजबूत आधारभूत ढाँचा और विक्रय समर्थन प्रणाली हो।
- एक प्रबंधन टीम जो सक्रिय रूप से बिक्री दल की मदद करने के लिए तत्पर हो।

सेल्समैन की चौथी श्रेणी : जूझनेवाला

यह सवाल हमेशा पूछा जाता है—'अगर किसी व्यक्ति को परिवर्तन से परेशानी हो और जो कदम उठाने में भी योग्य न हो, वह बिक्री के क्षेत्र में कैसे मौजूद रह सकता है?' क्या इस तरह के व्यक्ति को विक्रय के क्षेत्र में जाने के लिए प्रोत्साहित किया जा सकता है? इसका सरल उत्तर है—हाँ। जूझनेवाले बिक्री के क्षेत्र में सफल हो सकते हैं अगर उन्हें उचित विक्रय-दायित्व सौंपा जाए और अगर वे अपनी सुविधा के दायरे को तोड़कर प्रयत्न करने के लिए तैयार हों। वास्तव में, उचित वातावरण में वे जबर्दस्त कामयाबी हासिल कर सकते हैं।

इस तरह के सेल्समैन विक्रय के क्षेत्र में महज जीविका का इंतजाम करने के उद्देश्य से आते हैं। इनमें से कई कहते हुए पाए जाते हैं कि उन्हें बिक्री में दिलचस्पी नहीं है और विक्रय के माहौल के लिए वे उपयुक्त नहीं हैं। असल में इनमें से कई सेल्स का क्षेत्र छोड़कर दूसरे क्षेत्र को चुनना पसंद करते हैं और कुछ व्यापार के दूसरे विभागों में काम करना पसंद करते हैं। जो सेल्स के क्षेत्र में रह जाते हैं उन्हें परिचित वातावरण में जूझते रहना सुविधाजनक लगने लगता है और वे परिवर्तन का जोखिम उठाना नहीं चाहते। जूझनेवाले को कमजोर नहीं समझना चाहिए। सफलता का अनुभव करने और श्रेष्ठ प्रदर्शन की आकांक्षा के साथ उनमें आत्मविश्वास का संचार हो सकता है और वे ऊँचाई की तरफ अग्रसर हो सकते हैं।

जूझनेवाले तब कुशल सेल्समैन बन जाते हैं जब उन्हें इस तरह का दायित्व सौंपा जाए जिसमें कम संभावनाएँ हों और जिनके परिणाम निश्चित हों। जूझनेवाले को अपनी सुविधा के दायरे से बाहर निकलने की जरूरत होती है। उन्हें सबसे पहले अपनी श्रेणी की पहचान करनी चाहिए, फिर धीरे-धीरे परिवर्तन का प्रयास करना चाहिए। उन्हें इंतजार और टालमटोल करने की जगह सही निर्णय लेकर आगे बढ़ने पर विचार करना चाहिए।

जूझनेवाले ऐसे विक्रय दायित्वों को पसंद करते हैं—

- एक अत्यंत सुनियोजित और नियंत्रित सेल्स का माहौल।
- सुपरिभाषित कार्यशैली और प्रबंधन की निगरानी।
- निश्चित उत्पाद और पहले से तैयार बाजार।

जब आप जान जाते हैं कि आप किस श्रेणी के सेल्समैन हैं तो फिर आप कुशलता हासिल करने के लिए अपने आपमें सुधार करने का प्रयत्न भी शुरू कर देते हैं। विक्रय की कुशलताओं को सीखकर आप भी सर्वश्रेष्ठ प्रदर्शन कर सकते हैं।

□

सेल्स मीटिंग में कैसे बोलें?

'हमें ज्यादा सुनना चाहिए और कम बोलना चाहिए।'

—विलियम शेक्सपीयर

सेल्स मीटिंग की तैयारी

सूत्र-1. संभावित ग्राहक आपको क्या दे सकता है, उसकी तैयारी करें।

ज्यादातर सेल्समैन मीटिंग की तैयारी करते समय गलती कर बैठते हैं और वे मीटिंग के एजेंडे पर ध्यान देने लगते हैं। दूसरे शब्दों में वे इस बात की तैयारी करते हैं कि बैठक के दौरान कैसी बातचीत की जाएगी। बेहतर तरीका यह होना चाहिए कि मीटिंग के दौरान संभावित ग्राहक से आप क्या लेना पसंद करेंगे।

संभावित ग्राहक आपको क्या दे सकता है? ज्यादा-से-ज्यादा छह चीजें संभावित ग्राहक आपको दे सकता है। वे चीजें हैं—

- अनुबंध (Agreement) या उसका प्रारूप (Proforma)।
- नसीहत कि आपको लौट जाना चाहिए यानी आप सौदेबाजी में नाकाम रहे।
- एक समय-सीमा जिसके भीतर खरीद हो सकती है।
- अगली तारीख जब आप दोनों बैठकर कार्य प्रगति की समीक्षा कर सकते हैं।
- संगठन के प्रमुख व्यक्तियों की सूची।
- सौदेबाजी के लिए अन्य सहायता।

आप इनमें से चुनें कि सफल होने के लिए आप संभावित ग्राहक से क्या लेना पसंद करेंगे।

सूत्र-2. संभावित ग्राहक की कंपनी के बारे में पता लगाएँ।

ऐसा करने के लिए कंपनी के विस्तृत इतिहास का अध्ययन करने की जरूरत नहीं है। आपको कंपनी के मुख्य उद्देश्य और उपलब्धियों का पता लगाना चाहिए। मझोली और बड़ी कंपनियों के संबंध में जानकारियाँ सार्वजनिक रूप से उपलब्ध रहती हैं। फाइनेंशियल अखबारों के जरिए भी आपको इस तरह की जानकारियाँ मिल सकती हैं। कंपनी की वार्षिक रिपोर्ट में कंपनी निदेशक की संक्षिप्त टिप्पणी होती है, जिसे पढ़कर आप कंपनी के उद्‌देश्यों और उपलब्धियों को ठीक से समझ सकते हैं।

सूत्र-3. पहले से तय कर लें कि मीटिंग में किस बिंदु पर चर्चा होगी और आप अपनी तरफ से कैसा लाभदायक प्रस्ताव रखेंगे।

सूत्र-4. वार्त्तालाप के दौरान आनेवाले व्यवधानों के बारे मे विचार कर लें। आप ऐसे अवसरों के बारे में सोच लें जब आत्मविश्वास के साथ आप अपने प्रस्ताव को प्रस्तुत कर सकेंगे। आपके दिमाग में प्रस्ताव की रूपरेखा स्पष्ट होनी चाहिए।

सूत्र-5. अपनी कंपनी या उत्पाद का स्पष्ट चित्र प्रस्तुत करें। इसका अर्थ है सहज-सरल भाषा में एक मिनट के भीतर आप कंपनी या उत्पाद का परिचय दें। याद रखें कि यह परिचय बनावटी नहीं, स्वाभाविक होना चाहिए।

सूत्र-6. अतीत में किए गए कार्यों का भी जायजा लें। अतीत के ऐसे अनुभव आपको सफल बनाने में मददगार साबित हो सकते हैं।

जोरदार हो पहला प्रभाव (First Impression is Last Impression)

यह तो आप जानते ही होंगे कि पहला प्रभाव किस कदर महत्त्वपूर्ण होता है। लेकिन यह शायद आपको मालूम नहीं होगा कि पहले प्रभाव को असरदायक किस तरह बनाया जा सकता है। सेल्समेन के संबंध में 'थ्री ट्वेल्व' का कथन प्रचलित है जिससे पहला प्रभाव जोरदार हो सकता है। ये 'थ्री ट्वेल्व' इस प्रकार हैं—

1. शुरुआती 12 शब्द जो आप बोलते हैं।
2. शुरुआती 12 कदम जो आप चलते हैं।
3. कंधे से ऊपर 12 इंच का आपका व्यक्तित्व।

कथन का पहला हिस्सा—शुरुआती 12 शब्द जो आप बोलते हैं—इसका अर्थ है कि आपको यह सुनिश्चित करना चाहिए कि जो शुरुआती 12 शब्द आप

बोलेंगे वे संभावित ग्राहक से संबंधित होने चाहिए, आपके बारे में नहीं। लोग तेजी से निष्कर्ष पर पहुँचते हैं।

कदम बढ़ाने के बारे में दूसरा हिस्सा सामनेवाले व्यक्ति के सुरक्षित क्षेत्र में व्यवधान डालने के खतरे के बारे में है। इसका अर्थ है कि जब आप कमरे में कदम बढ़ाएँ तो सामनेवाले व्यक्ति के सुरक्षित क्षेत्र का उल्लंघन न करें।

कंधे से ऊपर 12 इंच के व्यक्तित्ववाला तीसरा हिस्सा लोगों की उस धारणा से संबंधित है जिसके जरिए वे दूसरों के व्यक्तित्व के बारे में राय बनाते हैं। आपको अपने शरीर के ऊपरी हिस्से पर विशेष ध्यान देना चाहिए क्योंकि लोग उसी हिस्से की तरफ पहली नजर में गौर से देखते हैं। शरीर के दूसरे हिस्सों को अकसर नजरअंदाज कर दिया जाता है। हालाँकि जूते इस मामले में अपवाद कहे जा सकते हैं।

सेल्स के लिए स्मार्टनेस विशेष गुण माना जा सकता है क्योंकि लोगों का अवचेतन मन स्मार्ट तरीके से सजे-धजे सेल्समैन के उत्पाद या सेवा को उच्च गुणवत्तायुक्त मान बैठता है। उदाहरण के तौर पर एक ही प्रकार की पोशाक शॉपिंग मॉल में और फुटपाथ पर बिक रही हो तो खरीदार उच्च गुणवत्ता के लिए शॉपिंग मॉल से पोशाक खरीदना पसंद करेगा।

लेकिन अगर संभावित ग्राहक अपने ऑफिस में ढीली-ढाली पोशाक ही पहनता हो तब आपको क्या करना चाहिए? नियम यही है कि सेल्समैन को अपने ग्राहक की तुलना में बेहतर पोशाक पहननी चाहिए। आप चाहे जिस माहौल में बिक्री के सिलसिले में क्यों न जाएँ, इस नियम को हमेशा याद रखें।

देर से पहुँचना

अगर आप समझते हैं कि किसी मीटिंग में एक मिनट या दो मिनट विलंब से पहुँच रहे हैं तो आपको पहले ही संभावित ग्राहक को सूचित करने की आवश्यकता नहीं है और आप पहुँचकर उसे विलंब की वजह बता सकते हैं, तो आप गलत सोच रहे हैं, शुरू-शुरू में इस तरह की धारणा आपको आसान लग सकती है मगर बाद में समस्या पैदा हो सकती है। अगर आप विलंब से पहुँच रहे हैं तो बेहतर है कि आप फोन कर दें। जब लोगों को पहले विलंब होने के बारे में बता दिया जाता है तो वे ज्यादातर बुरा नहीं मानते। लेकिन जब आप किसी से इंतजार करवाते हैं और उसे विलंब होने की पूर्वसूचना नहीं देते तो उसके मन में आपकी नकारात्मक छवि बनती है।

तो मान लिया जाए कि आप मीटिंग में समय पर पहुँच गए और आपका

पहला प्रभाव जोरदार रहा। अब आप क्या करेंगे?

सेल्स क्या है? कला या विज्ञान?

आमतौर पर लोगों से यह प्रश्न किया जाता है तो कुछ लोग उसे कला कहते हैं और कुछ लोग उसे विज्ञान कहते हैं परंतु मैं कहता हूँ कि सेल्स एक ऐसी कला है जिसे वैज्ञानिक पद्धति से करना चाहिए और एक ऐसा विज्ञान है जो कलात्मक रूप से किया जाता है। विक्रय के क्षेत्र में सफल होने के इच्छुक हर विक्रयकर्त्ता को यह कला और विज्ञान का ज्ञान होना अत्यंत आवश्यक है।

एक परंपरागत सेल्स मीटिंग की संरचना

सेल्स मीटिंग में आप किसी पर अपनी बात मनवाने के लिए दबाव नहीं डाल सकते। आप दूसरे को अपनी राय बनाने दें। ऐसा करने के लिए यह समझना जरूरी है कि एक बेहतर सेल्स मीटिंग की संरचना कैसी होती है। यह संरचना इस प्रकार होती है—

- **परिचय**—ग्राहक आपसे परिचित होता है और यह समझ जाता है कि आप उसके लिए मददगार साबित हो सकते हैं।
- **सवाल-जवाब**—सेल्स मीटिंग का अहम हिस्सा।
- **पुष्टि करनेवाले सवाल**—ताकि आप सुनिश्चित कर सकें कि कुछ भी छूटा नहीं है।
- **सेलिंग**—जब आप खरीदार की जरूरत के अनुरूप उत्पाद प्रस्तुत करने के लिए तैयार हो जाते हैं और आप दोनों के बीच वैचारिक सहमति हो जाती है।
- **व्यवसाय के लिए पूछना**—इस तरह समाप्त होता है।

अब हम इन सभी पहलुओं पर विस्तार से गौर कर सकते हैं।

परिचय

परिचय-सत्र में आपको तीन बिंदुओं पर खासतौर पर ध्यान देना चाहिए—

- आपको व्यक्तिगत स्तर पर स्वीकार किया जाए। इसका कारण यही है कि लोग ऐसे व्यक्ति से कुछ खरीदना पसंद करते हैं जो व्यक्ति उन्हें भाता है।
- ग्राहक को विश्वास दिलाएँ कि आप उसकी सहायता कर सकते हैं।

ऐसा भी हो सकता है कि ग्राहक पहले से अनिर्णय या दुविधा की स्थिति में हो। आप उसकी निर्णय लेने में मदद कर सकते हैं।

- आप वार्त्तालाप का ऐसा माहौल बनाएँ कि ग्राहक के मन में संकोच न रहे।

आपकी कंपनी का स्पष्ट चित्रण

तो ग्राहक के साथ आप सहज वार्त्तालाप की शुरुआत किस तरह कर सकते हैं? अकसर अपने बारे में बताना अच्छी शुरुआत होती है। मगर ध्यान रहे कि आप वार्त्तालाप पर हावी होने की कोशिश न करें। इसका अर्थ यह भी नहीं कि आप विस्तारपूर्वक अपनी कंपनी के बारे में बताना शुरू कर दें। इसकी जगह अपनी कंपनी का संक्षिप्त परिचय देकर आप ग्राहक को अपने बारे में बताने के लिए प्रेरित कर सकते हैं। इसके लिए आपको कंपनी का संक्षिप्त परिचय तैयार कर लेना चाहिए।

अपने वक्तव्य की जाँच कर लें। यह महत्त्वपूर्ण है कि जब आप कंपनी के बारे में बताएँ तब आपके कथन को बनावटी न समझा जाए, बल्कि आपका कथन विश्वसनीय लगे। इसके लिए पूर्वाभ्यास करना ठीक रहेगा। जब आप निम्न प्रश्नों का संतोषजनक उत्तर देने की स्थिति में हों तो समझ लें कि आपकी तैयारी सही है—

1. आपकी कंपनी क्या करती है?
2. आपके प्रस्ताव के फायदे क्या हैं?

देखने में ये सवाल आसान लगते हैं। इनका सटीक उत्तर देने के लिए तैयारी और विवेकशीलता की जरूरत होती है।

सवाल-जवाब

सेल्स के इस चरण का उद्देश्य ऐसी स्थिति में पहुँचना है जहाँ दो पक्षों के बीच खुलकर वार्त्तालाप हो सके। मनोविश्लेषक इस स्थिति को 'प्रवाह' कहकर पुकारते हैं। केलीफोर्निया के क्लारेमेंट ग्रेजुएट यूनिवर्सिटी के प्रोफेसर मिहली सिकजेनमिहाली ने इस विषय का गहन अध्ययन करते हुए लिखा है—

'अपने उद्देश्य के लिए किसी गतिविधि में पूरी तरह समर्पित हो जाना। तब अहं दूर चला जाता है। समय का पता नहीं चलता। प्रत्येक क्रिया, प्रतिक्रिया एवं विचार अपने-आप उभरते चले जाते हैं, मानो संगीत का सुर छेड़ा जा रहा

हो, तब आपका पूरा अस्तित्व तल्लीन हो जाता है और आपकी योग्यता अपने चरमोत्कर्ष पर पहुँच जाती है।'

इस तरह की स्थिति में आप उन लोगों को अकसर देखते होंगे जो अपने-अपने क्षेत्र के लीडर होते हैं। उदाहरण के तौर पर प्रसिद्ध संगीतकार या खिलाड़ी को देखा जा सकता है। जब वे श्रेष्ठ प्रदर्शन कर रहे होते हैं तो लगता नहीं कि इसके लिए उन्हें अतिरिक्त जोर देना पड़ रहा है और उनके प्रदर्शन में एक किस्म का प्रवाह नजर आता है। यही वजह है कि वे औसत व्यक्तियों की तुलना में असाधारण प्रतीत होते हैं। अगर आप ग्राहक को ऐसी ही स्थिति में ले जा सकें जब वह अपने संबंध में खुलकर बेझिझक बातें कर सकें तो अवसर आपका कदम चूम सकता है। यही वजह है कि उम्दा सेल्समैन अकसर विक्रेता की जगह परामर्शक की भूमिका निभाते हुए नजर आते हैं। लेकिन सेल्स मीटिंग में आप प्रवाह कैसे ला सकते हैं? इसका गहरा संबंध सुनने की कला से है।

क्या आप गौर से सुनते हैं?

हम पहले इस बात की चर्चा कर चुके हैं कि विक्रय का सूत्र संभावित ग्राहक को उत्पाद या सेवा बेचना नहीं है बल्कि संभावित ग्राहक को खरीदारी के लिए प्रेरित करना है। इस सूत्र के बारे में सोचें। आप यह अच्छी तरह जानते हैं कि अगर किसी चीज को खरीदने के लिए आप पर दबाव डाला जाए तो आप विरोध जताएँगे। दूसरी तरफ खरीदारी एक आनंददायक प्रक्रिया भी हो सकती है—खासतौर पर उस समय जब विक्रेता आपकी परिस्थिति के प्रति दिलचस्पी जताए। इन दोनों ही अनुभवों में सुनने की कला से फर्क पैदा किया जा सकता है।

कुछ लोग जन्मजात रूप से अच्छे श्रोता होते हैं। लेकिन यह ऐसी योग्यता है जिसमें आसानी से सुधार किया जा सकता है। इसके लिए निम्न बिंदुओं पर ध्यान देना आवश्यक है—

- आपको यह याद रखना चाहिए कि ईश्वर ने सोच-समझकर आपको सुनने के लिए दो कान और बोलने के लिए एक मुँह दिया है, अत: उसी अनुपात में इनका प्रयोग भी करना चाहिए। कम सेल्समैन ही इस सच्चाई को समझ पाते हैं। अकसर ग्राहक को लगने लगता है कि उसकी बात सुनी नहीं जा रही है और केवल सेल्समैन अपनी बातें सुनाता जा रहा है। सुनने की कला से ही बेचने और बोलने के बीच फर्क पैदा किया जा सकता है।

- वार्त्तालाप के दौरान अपनी समस्याओं के बारे में सोचने की जगह ग्राहक की समस्याओं के बारे में सोचें।
- पहले ग्राहक को अपनी बात कहने का मौका दें और उसे सब कुछ बताने दें। ग्राहक की बातों में छिपे आवेग की तरफ ध्यान दें और बीच में रुकावट डालने की कोशिश न करें। जरा डॉक्टर के साथ अपनी मुलाकात को याद करें। अगर डॉक्टर के कमरे में आपके पहुँचने के साथ ही डॉक्टर आपके रोग के लक्षणों के बारे में न पूछकर किसी नई दवा की खूबियों के बारे में बखान करते हुए आपसे उसे खरीदने के लिए कहे तो क्या आपको डॉक्टर के ऊपर गुस्सा नहीं आएगा? कई बार सेल्समैन इसी तरह की गलती कर बैठते हैं और इस तरह ग्राहक का बिदकना स्वाभाविक हो जाता है।
- जब ग्राहक कुछ बोल रहा हो, उस अवधि में आप उसके जवाब को सोचना न शुरू कर दें, बल्कि गौर से उसकी बातें सुनें। किसी के साथ गहराई के साथ बात करने के लिए ध्यान लगाकर सुनना जरूरी होता है।
- ग्राहक के बारे में किसी निष्कर्ष पर न पहुँचें। वह जो बोलता है, उसे स्वीकार करें।
- वार्त्तालाप पर ध्यान केंद्रित करें। अन्य बातों के बारे में सोचना छोड़ दें।
- यह न सोचें कि ग्राहक जब खरीदारी करेगा तब आपको कितना फायदा होगा। ग्राहक आपके मनोभाव को समझ सकता है। आप फायदे के बारे में बाद में भी सोच सकते हैं।
- इस बात पर गौर करें कि क्या ग्राहक के बॉडी लैंग्वेज के साथ उसकी बातों में समानता है? अगर ऐसा नहीं है तो इसका अर्थ है ग्राहक को प्रभावित करने के लिए आपको विकल्प के बारे में सोचना पड़ेगा।
- आप बीच-बीच में दो बेहतरीन सवाल पूछ सकते हैं, 'आप असल में कहना क्या चाहते हैं?' और 'इसके बारे में आप क्या सोचते हैं?' किसी विषय को गहराई से समझने के लिए पूछें, 'आप असल में कहना क्या चाहते हैं?' जब आप पहली बार इस सवाल का इस्तेमाल करेंगे तब आपको अजीब लग सकता है, मगर बाद में स्वाभाविक रूप से इस सवाल को दोहरा सकते हैं।
- सवाल पूछते समय 'परिस्थिति' शब्द का बेहतरीन इस्तेमाल किया जा

सकता है। इसे सुनकर ग्राहक खुलकर अपनी बातें बता सकता है। इस तरह 'समस्या' शब्द से बचा जा सकता है, जो नकारात्मकता का बोध कराता है।

- जहाँ संभव हो, ऐसे सवाल पूछें जो आपकी शक्ति और प्रतिस्पर्धा की कमजोरियों की तरफ अग्रसर हों।
- आपको ग्राहक की खरीदारी का असली उद्देश्य जानने की कोशिश करनी चाहिए। इसके लिए विषय की एकांगी जानकारी की तुलना में समग्र जानकारी रखना अधिक उपयोगी साबित हो सकता है। एक उदाहरण से इस बात को समझा जा सकता है। मान लीजिए खेल-कूद की सामग्रियों की एक दुकान में एक विक्रेता काम करता है। एक अधेड़ आदमी दुकान के भीतर आता है। वह विक्रेता को बताता है कि उसे गोल्फ के कुछ उपकरणों की जरूरत है। अगर विक्रेता उसकी खरीदारी के मकसद को ठीक से समझता हो तो उसे काफी मदद मिल सकती है। अधेड़ शौकिया गोल्फ खेल सकता है, कसरत के लिए खेल सकता है या नए लोगों से मुलाकात के लिए खेल सकता है। समग्र रूप से जानकारी होने पर विक्रेता ऐसे सवाल पूछ सकता है जिससे अधेड़ के असली मकसद को समझा जा सके। तब इस तरह के सवाल पूछे जा सकते हैं—'आप कितने दिनों के अंतराल पर खेलेंगे?' 'क्या आप नियमित रूप से खेलेंगे?' 'क्या क्लब का ब्रांड नेम आपके लिए अहमियत रखता है?' ऐसे ही कई सवाल। अगर विक्रेता की एकांगी जानकारी होगी तो वह एक ही बिंदु पर ध्यान केंद्रित रखेगा। इसीलिए विक्रेता के लिए यह अत्यंत आवश्यक है कि वह ग्राहक के बारे में सर्वांगीण जानकारी, उनसे विभिन्न प्रश्न पूछकर प्राप्त करे और यदि ऐसा न किया जाए तो बिक्री का प्रभावित होना लाजमी है।
- खुले प्रश्नों का प्रयोग करें ताकि ग्राहक खुलकर जवाब दे सके। अगर विषय का समापन करना हो तो सवाल भी उसी आधार पर पूछा जाना चाहिए। (खुले प्रश्न की शुरुआत इन छह शब्दों में से किसी एक शब्द के साथ होती है—कौन, क्या, कब, कहाँ, क्यों और कैसे।)
- याद रखें जब आप सलाहकार की भूमिका निभा रहे होते हैं तब आप अपनी बात मनवाने की स्थिति में होते हैं। इसके लिए शालीनता के साथ दबाव बनाने की जरूरत होती है। शालीनता के पर्दे में आपका दबाव

छिप सकता है। श्रेष्ठ सेल्समैन आसान और शालीन तरीके से अपनी बातें मनवाने में माहिर होते हैं।

ग्राहक को अपनी दिक्कतों की पड़ताल करने दें—जब ग्राहक अपने हालात के बारे में बता रहा हो तो उसे खुला और मुक्त महसूस होना चाहिए। जब ग्राहक ऐसा कर रहा हो तब आपको समाधान बताने से बचना चाहिए। उस समय यही जरूरी है कि ग्राहक बैठा रहे और अपनी समस्या की चर्चा आपसे करता रहे।

ग्राहक आपसे मिलता है, तब वह पहले से ही अपनी समस्याओं से भली-भाँति परिचित होता है, लेकिन अब तक उसे कोई समाधान मालूम नहीं होता और समस्याएँ अपनी जगह बनी रहती हैं। जब ग्राहक उन्हीं समस्याओं का वर्णन आपके सामने करता है तो उसे उन समस्याओं की आँच भी महसूस होती है।

सुनते समय एक रिश्ता कायम करें—यह विक्रय का एक ऐसा हिस्सा है जब आपके सामने ग्राहक के साथ एक रिश्ता कायम करने का सुनहरा अवसर रहता है। अगर आप परामर्शक का रवैया अपनाएँगे तो ग्राहक के मन में आपके प्रति भरोसा पैदा होगा। एक श्रेष्ठ डॉक्टर या श्रेष्ठ कलाकार या श्रेष्ठ इंटरव्यूकर्त्ता इसी तरह का रवैया अपनाता है। आपको भी इसी तरह का रवैया अपनाना चाहिए।

लिखना न भूलें

सुनते समय महत्त्वपूर्ण बिंदुओं को कागज पर दर्ज करना न भूलें क्योंकि भविष्य में आपको लिखित प्रस्ताव प्रस्तुत करना पड़ सकता है। वैसा करते समय आपके प्रस्ताव की गुणवत्ता उन टिप्पणियों पर निर्भर करेगी जो आपने मीटिंग में दर्ज की होंगी। सस्ता बॉलपेन प्रयोग करने की जगह कीमती पेन से इस तरह की टिप्पणी दर्ज करें। इसकी वजह भी वही है जो वजह बेहतर लिबास पहनने की है—लोगों का अवचेतन मन स्मार्ट सेल्समैन से गुणवत्ता की अपेक्षा रखता है। टिप्पणी लिखने के लिए हमेशा राइटिंग पैड का इस्तेमाल करें। इन छोटी-छोटी बातों को ध्यान में रखकर आप एक पेशेवर एवं उत्तम विक्रयकर्ता को छवि प्रस्तुत कर सकते हैं।

जब आप सुनने की प्रक्रिया के अंतिम चरण में पहुँचेंगे तब तक ग्राहक की स्थिति और उसकी खरीदारी के उद्‌देश्य के बारे में आपकी स्पष्ट धारणा बन जानी चाहिए। दूसरी तरफ ग्राहक को अपनी समस्याओं की गंभीरता का

अहसास होना चाहिए।

आप इस समय ऐसे बिंदु पर पहुँच सकते हैं जब ग्राहक समाधान को ग्रहण करने के लिए तैयार हो जाता है। इसलिए ग्राहक के समक्ष हड़बड़ाकर समाधान प्रस्तुत नहीं करना चाहिए।

सवालों की पड़ताल करें

ऐसा जीवन में अकसर होता है कि दूसरे चरण में कदम बढ़ाने से पहले आपको पहले चरण के कार्यों को अच्छी तरह संपन्न करना होता है। ऐसा ही विक्रय के मामले में भी होता है। परामर्श के चरण से आगे कदम बढ़ाने से पहले सुनिश्चित कर लें कि आप ग्राहक की स्थिति को अच्छी तरह समझ चुके हैं या नहीं। अगर आप सारे सवाल पूछे बगैर ही कदम आगे बढ़ा देंगे तो ग्राहक इस बात से खुद को आहत महसूस कर सकता है। यह वैसा ही होगा मानो डॉक्टर ने रोग के बारे में पूछ तो लिया मगर ठीक से जाँच किए बगैर ही दवाओं के नाम लिख दिए।

समापन करनेवाला सवाल लंबा नहीं होना चाहिए। आप पूछ सकते हैं, 'क्या कोई बात छूट गई है?' या 'क्या आपको लगता है हम सभी पहलुओं पर चर्चा कर चुके हैं?' जैसे ही समापनवाले प्रश्न का संतोषजनक जवाब मिले, आप अगले चरण में कदम बढ़ाने के लिए तैयार हो सकते हैं।

समापन सवाल पूछने में मामूली वक्त लगता है और इसे सुनकर खरीदार खरीदने का निर्णय बदलनेवाला नहीं है। इसकी तुलना में ग्राहक की खरीदारी की इच्छा इस बिंदु पर पहुँचकर और प्रबल हो सकती है।

विक्रय

इस चरण में आकर आप वास्तव में विक्रय करते हैं। तो इसका सबसे बेहतर तरीका क्या हो सकता है? इसका मूल सूत्र है ग्राहक की खरीदारी के उद्देश्य के साथ आप अपनी कंपनी की क्षमता का तालमेल कायम करें। इसी चरण में आप चीजों को निश्चित आकार प्रदान करते हैं। इसके बारे में कुछ ठोस उपाय इस प्रकार हैं—

खूबियाँ नहीं, फायदे बेचें

खूबियाँ और फायदे आसान धारणाएँ हैं, मगर इन्हें अकसर नजरअंदाज कर

दिया जाता है। नीचे के उदाहरण से दोनों के फर्क को समझा जा सकता है—

मान लीजिए एक ग्राहक हार्डवेयर दुकान में माँग करता है कि उसे एक ड्रिल चाहिए। इसका अर्थ यहाँ पर यह है कि वास्तव में ग्राहक ड्रिल नहीं चाहता है। असल में वह एक छेद चाहता है। ड्रिल खूबी है, छेद फायदा है। इसी तरह एक ग्राहक बैंक में जाकर ऋण माँगता है। वह 25 वर्षों तक ऋण का बोझ उठाने के लिए तैयार है। फायदा यह होगा कि वह अपना घर खरीद सकेगा।

खूबी अपने बूते पर नहीं बिकती। यानि ग्राहक सिर्फ खूबी के कारण उत्पाद नहीं खरीदता बल्कि फायदे को समझकर वह खरीद का निर्णय लेता है।

उत्पाद बेचने की खूबी—अकसर सेल्समैन जिस सहजता के साथ किसी उत्पाद की खूबियों के फायदों का वर्णन करते हैं उस तरह सर्विस के फायदों का वर्णन नहीं कर पाते। उदाहरण के तौर पर वे बता सकते हैं कि अमुक ब्रेक कार में बेल्ट लगाना ड्राइवर की सुरक्षा के लिए बेहतर उपाय है। परंतु जब नई प्रौद्योगिकी का सवाल उत्पन्न होता है तब उत्पाद की खूबियों का वर्णन करना उनके लिए कठिन होता है।

सर्विस बेचने की खूबी—सर्विस बेचते समय खूबियों और फायदों का वर्णन कुल मिलाकर लगभग एक साथ करना पड़ता है। आपको दोनों ही पहलुओं के प्रति जागरूक होना चाहिए।

उदाहरण

खूबी—आपकी कंपनी सशक्त परियोजना प्रबंधन नियमों का पालन करती है।

फायदा—इन नियमों से ग्राहक सर्विस को स्पष्ट रूप से समझ सकता है और उनको लेकर निश्चिंत हो सकता है।

खूबी—आपकी कंपनी को ग्राहक के उद्योग से संबंधित विस्तृत अनुभव है।

फायदा—तकनीकी सहयोग देकर आपकी कंपनी महत्त्वपूर्ण सेवा प्रदान कर रही है।

सहज है। है न? इस आसान प्रक्रिया को अकसर नजरअंदाज क्यों कर दिया जाता है?

इसका जवाब एक सामान्य मानवीय कमजोरी में निहित है—लोग दूसरों के

बारे में अकसर गलत धारणाएँ पाल लेते हैं। विक्रय-प्रक्रिया में अकसर सेल्समैन ऐसी खूबी का वर्णन करता है जो वह प्रस्तुत करने जा रहा है और मान बैठता है कि उसका वर्णन सुनकर ग्राहक अपने आप फायदे से परिचित हो जाएगा। यानी सेल्समैन को लगता है कि खूबी की चर्चा करने पर ग्राहक अपने आप फायदे का अनुमान लगा सकता है। मगर ज्यादातर ग्राहक फायदे को इस तरह समझ नहीं पाते हैं। इसका एक कारण यह भी है कि ग्राहकों को खूबियों में अधिक रुचि नहीं होती। उन्हें फायदों में दिलचस्पी होती है, लोग उसी बात को ध्यान से सुनते हैं जिसमें उन्हें रुचि होती है।

तो आप यह कैसे सुनिश्चित कर सकते हैं कि सही मौके पर आप फायदे के बारे में बताएँगे? एक तरीका यह हो सकता है कि खूबी के साथ-साथ फायदे का भी वर्णन करते रहें।

विक्रय के इस चरण में अन्य परामर्शों की तरफ लौटते हैं।

ग्राहक के हित की बात करें

जब आप दूसरे व्यक्ति के हितों पर विशेष ध्यान देते हैं तो आपकी अहमियत बढ़ जाती है। यह श्रेष्ठ तरीका भी होता है। लेकिन ऐसा करते हुए सावधानी भी बरतनी चाहिए। जब आप बुनियादी उद्‌देश्यों की सराहना करते हैं तो वे उद्‌देश्य आपके अपने उद्‌देश्य नजर आने लगते हैं। याद रखें, लोग ऐसे व्यक्ति से कुछ खरीदना पसंद करते हैं जिसे वे पसंद करते हैं। उच्च उद्‌देश्य की सराहना का कभी-कभी गहरा प्रभाव पड़ सकता है। उदाहरण के तौर पर, ग्राहक एक कंपनी को छोड़कर दूसरी कंपनी का चयन साख को देखते हुए कर सकता है।

उच्च उद्‌देश्य की सराहना का एक अच्छा उदाहरण ब्रिटिश प्रधानमंत्री विंस्टन चर्चिल का कथन है, 'मेरे पास खून, पसीने, आँसू के सिवा देने के लिए कुछ नहीं है।' राजनेता अमूमन इतने ईमानदार नहीं होते, न ही ये अधिक धीरज रखनेवाले होते हैं। उच्च उद्‌देश्य की सराहना से सहमति हासिल की जा सकती है।

एक शब्द से काफी फर्क पड़ सकता है। मनुष्य संवेदनशील प्राणी होता है, इसीलिए गलत शब्द का प्रयोग करने से सौदा टूट सकता है। जिस तरह पियानो पर गलत नोट्स बजाकर किसी गीत को बेसुरा बनाया जा सकता है, उसी तरह गलत शब्द के प्रयोग से नकारात्मक प्रभाव पड़ता है। आपसे कोई यह अपेक्षा नहीं

रखता कि आपके सारे शब्द सही होंगे। आपको केवल निरर्थक शब्दों के प्रयोग से बचना चाहिए।

सेल्स मीटिंग के दौरान मानसिक रूप से ग्राहक अत्यंत संवेदनशील बना रहता है और आपके शब्दों को वह गौर से सुनता है। इसीलिए आपको ऐसे शब्दों का प्रयोग करना चाहिए जो शब्द ग्राहक को हामी भरने के लिए प्रेरित कर सकें। 'स्थिति' और 'समस्या' जैसे शब्दों के अंतर की चर्चा हम कर चुके हैं। नीचे कुछ दूसरे उदाहरण दिए गए हैं—

- 'कीमत' न कहें, बल्कि 'रकम' कहें।
- 'कांट्रेक्ट' न कहें, 'एग्रीमेंट' कहें।
- 'पिच' न कहें, 'प्रेजेंटेशन' कहें।
- 'बाय' न कहें, 'ऑथराइज' कहें।
- 'चिप' न कहें, 'वैल्यू ऑफ मनी' कहें।
- 'चेंज' न कहें, 'इंप्रूव' कहें।

एक खास शब्द 'सोल्यूशन' का हरगिज प्रयोग न करें, चूँकि यह घिस चुका है और इसके साथ अनिश्चितता का भाव जुड़ा हुआ है। इसके प्रयोग से ग्राहक समझ सकता है कि सेल्समैन को विषय की सही जानकारी नहीं है।

सजग रहें—हम जो बोलते हैं लोग उसे ध्यान से सुनते हैं। इस बात का हमें अंदाजा नहीं होता। आप जो भी बोलते हैं, काफी सोच-समझकर बोलें। दो शोधकर्ता रॉबर्ट बेरोन और डॉन बिर्ने ने मानव संवाद का व्यापक अध्ययन किया है और वे इस नतीजे पर पहुँचे हैं कि हम आसानी से सुनने की कला का विकास नहीं करते। उन्होंने निम्न चित्र से इस बात पर रोशनी डालने की कोशिश की है—

ग्राहक के नाम का प्रयोग करें—जब आप किसी व्यक्ति का नाम लेकर अपनी बात कहते हैं तो वह आपकी बात ध्यान से सुनता है। लेकिन लगातार गलत ऐसा करने से बचें।

आपत्तियों से कैसे निबटें

जब तक आपत्तियों से निबटा नहीं जाता तब तक सौदा नहीं हो सकता। यह मानव स्वभाव का हिस्सा है जिसकी वजह से किसी सौदे से पहले आपत्तियों को दूर करना जरूरी हो जाता है। अगर कोई ग्राहक समूचे वार्त्तालाप के दौरान केवल 'हाँ' कहता है और कोई आपत्ति नहीं करता तो इसका अर्थ है कि वह खरीदारी नहीं करनेवाला है।

बिक्री के क्षेत्र में इस बात से फर्क नहीं पड़ता कि आपत्ति वास्तविक है या काल्पनिक। यह मानव स्वभाव है जो आपत्ति करने और उसका समाधान ढूँढ़ने के लिए प्रेरित होता है।

आपत्तियों से निबटने का सबसे बेहतर तरीका है कि आप खुलकर उनका स्वागत करें और शालीनतापूर्वक उनका समाधान करें। आप देखेंगे कि अगले चरण में पहुँचने से पहले पिछले चरण की आपत्तियों का पूरी तरह समाधान करने की जरूरत पड़ेगी।

झूठी आपत्तियाँ—अकसर लोग झूठी आपत्तियाँ करते हैं, जिन्हें आप आसानी से भाँप जाते हैं, वे ऐसा किसी गलत उद्देश्य से नहीं करते, बल्कि आपत्तियाँ करना मानव स्वभाव होता है। कई बार ग्राहक बहाना बनाते हुए कहता है कि उसे दूसरों से पूछकर निर्णय लेना होगा, जबकि निर्णय लेनेवाला वह स्वयं ही होता है।

आपत्तियों की आम वजह यह होती है कि ग्राहक कोई निर्णय लेने से पहले कुछ समय लेना चाहता है या पूरी बातचीत का निचोड़ निकालना चाहता है। जब ग्राहक कोई सही आपत्ति पेश करे तो आप उसका संतोषजनक निराकरण करें। अगर ग्राहक झूठी आपत्ति प्रस्तुत करे तो आप शालीनता से नजरअंदाज कर दें और बातचीत को आगे बढ़ाएँ। वैसे यह सवाल पैदा हो सकता है कि आप किस तरह समझेंगे कि आपत्ति झूठी है या सही है? वैसे तो आपत्ति सुनते ही आप सही-गलत का अंदाजा लगा सकते हैं, इसके अलावा आगे एक टेस्ट दिया गया है जिससे आपको मदद मिल सकती है। झूठी आपत्ति एक बार ही कही जाती है। सही आपत्ति तब तक दोहराई जाती है जब तक उसका निराकरण नहीं हो जाता। बिक्री संबंधी वार्त्तालाप के आरंभ में अकसर झूठी आपत्ति सामने आती है। बातचीत के अंत में जो आपत्ति की जाती है वह अमूमन सही होती है।

किस तरह की सही आपत्तियों का आपको सामना करना पड़ सकता है?

मान लीजिए कि ग्राहक आपके प्रस्ताव को लेकर उत्सुक है तो उसकी आपत्तियाँ इस तरह की हो सकती हैं—

- आपकी कंपनी के पास श्रेष्ठ कुशलता या उत्पाद नहीं हैं।
- ग्राहक जानता है कि दूसरी कंपनियाँ उसकी जरूरत की पूर्ति बेहतर तरीके से कर सकती हैं।
- ग्राहक निजी तौर पर आपको या आपकी कंपनी को नापसंद करता है।

- ग्राहक वास्तव में निर्णय लेने का अधिकार नहीं रखता है।
- ग्राहक को कीमत बहुत ज्यादा लगती है।

स्वाभाविक रूप से ऐसी आपत्तियों के आधार पर आप अपने जवाब की तैयारी कर सकते हैं। नीचे कुछ मानक उत्तर दिए गए हैं—

आपकी कंपनी के पास श्रेष्ठ कुशलता या उत्पाद नहीं है—इस प्रश्न के बचाव में यही कहा जा सकता है कि एक बार सेवा का अवसर तो दें और फिर सही कुशलताओं और उत्पाद का प्रदर्शन भी करें।

ग्राहक जानता है कि दूसरी कंपनियाँ उसकी जरूरत की पूर्ति बेहतर तरीके से कर सकती हैं—इस आपत्ति का निराकरण करने के लिए आप अधिक कुछ नहीं कर सकते। कोशिश कीजिए कि आप उस कंपनी के कुछ असंतुष्ट ग्राहकों के बारे में जानकारी रखें और जरूरत पड़ने यह जानकारी उन्हें दें। ऐसा करते समय आपको यह सावधानी रखनी चाहिए कि आप उस कंपनी की ज्यादा बुराई न करें। और इसके साथ ही बीच-बीच में अपनी कंपनी की विशेषताएँ चतुराईपूर्वक उनके समक्ष पेश करें।

ग्राहक निजी तौर पर आपको या आपकी कंपनी को नापसंद करता है—इस आपत्ति का निराकरण नहीं किया जा सकता, हाँ बचाव जरूर किया जा सकता है। आप प्रयास करें कि आरंभ से ही ग्राहक आपको पसंद करे और इस तरह की आपत्ति की नौबत न आए।

ग्राहक वास्तव में निर्णय लेने का अधिकार नहीं रखता है—ऐसी स्थिति में भी ग्राहक सौदेबाजी को प्रभावित करने की क्षमता रखता है, उसी के माध्यम से आप सौदेबाजी के अंतिम चरण तक पहुँच सकते हैं।

ग्राहक को कीमत बहुत ज्यादा लगती है—जब कीमत को लेकर आपत्ति जताई जाए तो अन्य बातों को सुलझाए बिना आपको जल्दबाजी में इस मुद्दे को नहीं निपटाना चाहिए। आपको यह समझने की कोशिश करनी चाहिए कि क्या ग्राहक केवल कीमत की वजह से खरीदने का निर्णय नहीं ले पा रहा है? जैसे ही आप इस नतीजे पर पहुँचते हैं, आप कीमत को लेकर मोल-भाव शुरू कर सकते हैं और इसमें आपको जीत हासिल करनी चाहिए।

लेकिन, इसका अर्थ यह नहीं है कि आप कीमत को वार्त्तालाप के आखरी हिस्से के लिए छोड़ दें। जब तक ग्राहक अच्छी तरह समझ नहीं लेता कि आपकी कंपनी क्या मुहैया करना चाहती है तब तक आप कीमत को लेकर गहन विचार-विमर्श को टाल सकते हैं। इसकी वजह यह है कि शुरू में अगर कीमत बताई जाएगी

तो ग्राहक उसे 40 या 50 फीसदी कम बताने की कोशिश करेगा। बातचीत का सिलसिला आगे बढ़ाते हुए शालीनता के साथ कीमत का उल्लेख करें।

सभी आपत्तियों का निराकरण करने के बाद सौदा निश्चित करने की बारी आती है। आपको इसके बारे में किस तरह पूछना चाहिए?

बिजनेस के लिए पूछना

इसके लिए तीन बातें महत्त्वपूर्ण होती हैं—कब पूछें? क्या पूछें और कैसे पूछें?

कब पूछें?

ज्यादातर सेल्स मीटिंग में बातचीत की दिशा इस तरह आगे बढ़ती है कि स्वाभाविक रूप से समापन बिंदु सामने आ जाता है। इसके बाजवूद आपको अनुकूल संकेत मिलते हैं। ऐसे संकेत मौखिक या चाक्षुष हो सकते हैं।

मौखिक सौदे का संकेत—मौखिक सौदे का संकेत तब दिखाई देता है जब ग्राहक के किसी कथन से प्रतीत होता है कि आपके प्रस्ताव में वह दिलचस्पी ले रहा है। उदाहरण के तौर पर ग्राहक पूछ सकता है, 'आप कब से शुरू कर सकते हैं?' या 'इसकी क्या कीमत पड़ेगी।' अक्सर ग्राहक अपने सवाल का निहितार्थ समझने की कोशिश नहीं करता। आप उसे समझने में कोई चूक न करें।

आँखों के द्वारा सौदे का संकेत—यह एक आजमाया हुआ चाक्षुष संकेत है जिससे समझा जा सकता है कि बिजनेस के लिए पूछने का यही सटीक समय है। जब ग्राहक दोनों हाथों की उँगलियाँ खड़ी कर आपस में सटा ले तो इसे स्पष्ट संकेत समझना चाहिए, क्योंकि व्यक्ति जब कोई निर्णय लेता है तो इसी तरह की मुद्रा बनाता है। अगली बार जब आप स्वयं अपनी उँगलियों को इसी मुद्रा में सटाएँ तो अपने विचारों की जाँच कर लें। आप पाएँगे कि निर्णय लेते समय ही आप ऐसा करते हैं।

वार्त्तालाप के समापन के लिए कुछ और बिंदुओं को जानना आवश्यक है। ऐसे भी अवसर आ सकते हैं जब आपके लिए तय करना कठिन हो सकता है कि बिजनेस के लिए पूछें या नहीं। ऐसी घड़ी में आत्मविश्वास का सहारा लेकर बिजनेस के बारे में पूछें।

कब पूछें? यह स्पष्ट होने पर सवाल पैदा होता है क्या पूछें?

क्या पूछें?

सेल्स मीटिंग के समापन में आप कई तरह की बातें कह सकते हैं और अतीत में इस तरह की कई बातें आप कह भी चुके होंगे, भले ही वे बातें आपको याद न हों। इन बातों की खूबी यही होती है कि मर्यादित ढंग से बिजनेस के बारे में पूछा जाता है। समापन इस प्रकार होता है।

छोटे मुद्दे पर समापन—इस तरह का समापन खासतौर पर सर्विस के सेल्स के मामले में उपयोगी साबित होता है। मान लीजिए आप समझते हैं कि किसी परियोजना की कुल लागत 50 लाख रुपए आएगी, मगर सेल्स मीटिंग में यह सहमति बन सकती है कि एक वरिष्ठ विशेषज्ञ परियोजना के पहले चरण में कुछ हफ्तों तक कार्य करेगा। तब आप एक निश्चित समय बता सकते हैं जब वरिष्ठ विशेषज्ञ अपना काम शुरू कर सकता है।

यूनिवर्सिटी ऑफ एरीजोना के मनोविश्लेषक रॉबर्ट सियालडिनी और डेविड स्क्रोडर ने इस तरह के समापन का अध्ययन किया। वे इस निष्कर्ष पर पहुँचे कि कार्य के लिए सीधे अनुरोध करने की तुलना में यह तरीका 1.75 गुना अधिक कारगर साबित होता है। यह इसलिए कारगर साबित होता है चूँकि यह कुल कार्य की समस्याओं को एक तरफ रख देता है। सौदा जितना बड़ा होगा उसके साथ जोखिम भी उतना ही ज्यादा होगा। इसीलिए लोग वादा करने से पहले हिचकते हैं। मनोवैज्ञानिक रूप से छोटे सौदे के लिए हामी भरना आसान होता है। परियोजना हासिल करने के लिए आपको पहले उसके एक अंश को हासिल करना पड़ता है।

वैकल्पिक समापन

इस तरह के समापन में सुझाया जाता है कि अमुक दिन या अमुक तारीख को आप उत्पाद की आपूर्ति करना चाहते हैं। आप ग्राहक से विकल्पों के बीच चुनाव करने के लिए कहते हैं। ग्राहक के चुनाव से विक्रय-प्रक्रिया का समापन होता है।

धारणात्मक समापन

इस तरह के समापन के तहत धारणा बना ली जाती है कि ग्राहक आपके प्रस्ताव को स्वीकार कर चुका है। तब इस तरह की बात कही जाती है—'ऐसा लगता है हर बात पर सहमति हो चुकी है। मैं अपनी टीम को एकजुट करूँगा और जल्द ही काम शुरू हो जाएगा।' इस तरह का समापन करते समय आपकी आवाज में आत्मविश्वास का भाव होना चाहिए। आत्मविश्वास से काफी प्रभाव पड़ता है।

आपको केवल इस बात का ध्यान रखना चाहिए कि आत्मविश्वास की मात्रा अत्यधिक न हो। आत्मविश्वास का असर पड़ता है, वहीं अड़ियल रवैए का नकारात्मक प्रभाव पड़ता है।

उपलब्धता की जाँच के साथ समापन

इस तरह के समापन में कुछ ऐसा कथन कहा जाता है—'मैं देखता हूँ कि अमुक विशेषज्ञ उपलब्ध है या नहीं,' उसके बाद आप जाँच कर उपलब्धता की पुष्टि करते हैं और फिर बैठक का समापन करते हैं।

सशर्त समापन

इस तरह के समापन में आप निर्णय को एक अंतिम शर्त के साथ जोड़ते हैं। 'अगर मैं उस चीज का इंतजाम कर दूँगा तब आपको हमारे साथ सौदा करते हुए खुशी होगी?' या 'अगर इस कीमत पर मैं कार्य करूँगा तो आप आगे बढ़ना चाहेंगे।' वैसे इस तरह का समापन तभी कारगर होता है जब आपको मालूम होता है कि सिर्फ एक ही बाधा बची हुई है।

आमंत्रणात्मक समापन

इसके तहत कुछ इस तरह कहा जाता है—'क्यों न इसे हम एक महीने के लिए आजमाकर देखें और अगर उसके बाद आप संतुष्ट होंगे तो हम औपचारिक समझौता कर लेंगे।'

लेकिन इनमें से कोई भी तरीका अगर कारगर साबित न हो तो क्या करेंगे? तब आपके सामने दो विकल्प बचे रह जाते हैं—

बेन फ्रेंकलिन समापन

निर्णय लेने की इस विधि का नामकरण अमेरिकी विद्वान् बेन फ्रेंकलिन के नाम पर किया गया है, जिन्होंने इस विधि की खोज की थी। इस विधि के तहत उन्होंने कागज के बीच एक लकीर खींची। एक तरफ उन्होंने किसी क्रिया के समर्थन में तर्क लिखे। दूसरी तरफ उसके विरोध में तर्क लिखे।

इस विधि से समापन करना आसान हो सकता है। आप सहजतापूर्वक ग्राहक के सामने व्याख्या कर सकते हैं और उसे सहमत कर सकते हैं कि खरीदारी करना उसके लिए कैसे बेहतर कदम साबित होगा।

अंतिम प्रस्ताव समापन

जब आप ग्राहक के साथ मौजूद रहते हैं तब उसी समय सौदे के लिए उसे सहमत कर लेने से बिक्री की संभावना सुनिश्चित हो जाती है। लेकिन मानव व्यवहार के कई पहलू होते हैं और आप पाएँगे कि कई ग्राहक तुरंत सहमत होने के लिए तैयार नहीं रहते। वे आपका काफी वक्त ले सकते हैं।

ऐसी परिस्थिति में आप ग्राहक के पास अनुबंध की एक प्रति अपने हस्ताक्षर के साथ छोड़ दें और ग्राहक के हस्ताक्षरवाले स्थान को स्पष्ट रूप से रेखांकित कर दें। इस विधि का इस्तेमाल तभी करें जब कोई तरीका कारगर न हो पाए।

कैसे कहें?

कुछ विद्वान् विक्रय-कला को रहस्यमय योग्यता के रूप में व्यक्त करते हैं। उन्हें लगता है कि यह आधी कला है और आधा जादू है, कुछ विद्वान इसे धैर्य पर आधारित कला मानते हैं।

बिक्री के लिए कहने के दो तरीके हैं—

1. **पहला नियम : कार्य के लिए अनुरोध करें।**

   आपको सीधे कार्य के लिए अनुरोध करना चाहिए। ग्राहक आपसे इस बात की अपेक्षा रखता है और अगर आप नहीं पूछेंगे तो इसे असुविधाजनक लग सकता है।

2. **दूसरा नियम : चुप हो जाएँ।**

   एक बार कार्य के लिए अनुरोध करने के बाद चुप हो जाएँ।

   यह एक सहज तकनीक लग सकती है मगर इस बिंदु पर आपकी चुप्पी ग्राहक पर मनोवैज्ञानिक दबाव बनाने का काम करेगी। व्यापार का अनुरोध किए जाने के बाद जो पहली बार बोलेगा, वही 'हारा हुआ' माना जाएगा। जब तक आप आत्मविश्वास बनाए रखेंगे, सौदा आपके पक्ष में होने की संभावना बनी रहेगी। यह अत्यंत सहज तरीका है।

   आप सोच सकते हैं कि इतनी सहज तकनीक क्या इस कदर शक्तिशाली साबित हो सकती है? आप अगली बार इस तकनीक को अपने ऊपर आजमा सकते हैं। जब आप पहली बार इसका प्रयोग करेंगे तो चुप्पी आपको अखरने लगेगी और समय बोझिल महसूस होने लगेगा। चुप रहना आपको असुविधाजनक लग सकता है, मगर धैर्य के साथ आपको चुप रहना

चाहिए। अगर आप चुप रहेंगे तो जीत आपको ही मिलेगी।

समूह के साथ सेल्स मीटिंग कैसे करें?

समूह के साथ सेल्स मीटिंग करना आपको कठिन महसूस हो सकता है, लेकिन वास्तव में यह उतना कठिन नहीं होता। इस तरह की मीटिंग में बॉडी लैंग्वेज पर विशेष ध्यान दें। दो सूत्रों की तरफ खासतौर पर ध्यान दें—

1. **पहला सूत्र : वरिष्ठ व्यक्ति पर ध्यान केंद्रित करें**

   मीटिंग शुरू करने से पहले आप जान सकते हैं कि समूह में सबसे वरिष्ठ व्यक्ति कौन है। मीटिंग के आरंभ में लोग अपना परिचय पद के साथ देते हैं। सेल्स मीटिंग में कामयाब होने के लिए समूह के वरिष्ठ व्यक्ति की तरफ ध्यान केंद्रित करें। समूह के दूसरे सदस्य हमेशा वरिष्ठ व्यक्ति का अनुसरण करते हैं। अगर आप वरिष्ठ व्यक्ति को सहमत कर लेते हैं तो दूसरे सदस्य अपने आप सहमत हो जाएँगे।

2. **दूसरा सूत्र : उदार समूह पर ध्यान केंद्रित करें**

   यह आसान तरीका है, किसी भी समूह में तीन तरह के गुट होते हैं— प्रगतिशील, संरक्षणवादी और उदार। उदार गुट के पास निर्णायक क्षमता होती है, अतः आप उसकी तरफ ध्यान केंद्रित करें।

□

ग्राहक की पहचान कैसे करें

'लोगों को देखने के साथ ही उनके भीतर भी झाँककर देखना चाहिए।'

—लॉर्ड चेस्टरफील्ड

यह मानना स्वाभाविक है कि लोग चीजों को उसी तरह देखते हैं जिस तरह हम देखते हैं। लेकिन, जब आप व्यक्तियों के समूह के सामने एक सूचना रखेंगे तो हर कोई सूचना प्रस्तुत करेंगे तो प्रत्येक व्यक्ति एक सूचना के प्रति अलग-अलग तरीके से प्रतिक्रिया व्यक्त करेगा। जिस तरह एक ही सूचना के आधार पर पत्रकार अलग-अलग शैली में रिपोर्ट तैयार करते हैं। जरा इस बात की कल्पना करें, अगर आपको पहले से पता हो कि विक्रय प्रस्ताव को सुनकर संभावित ग्राहक किस तरह की प्रतिक्रिया व्यक्त करेगा तो सफलता हासिल करने में आपको कितनी सहायता मिलेगी।

इस तरह की सफलता हासिल करना आसान होता है।

दूसरों को तेजी और सटीक रूप तरीके से परखने की जरुरत है

ऐसी कई विधियाँ हैं जिनकी सहायता से आप किसी व्यक्ति के स्वभाव का आकलन कर सकते हैं। प्रत्येक व्यक्ति के चरित्र की कोई खास विशेषता होती है जिसके आधार पर वह आचरण करता है। जब व्यक्ति की उस खास विशेषता की पहचान कर ली जाती है तब यह अनुमान लगाना आसान हो जाता है कि खास परिस्थितियों में उस व्यक्ति की प्रतिक्रिया कैसी हो सकती है। मनोवैज्ञानिकों ने अब तक मानव-चरित्र से जुड़ी लगभग 5000 विशेषताओं की पहचान कर ली

है, इसीलिए कुछ विद्वानों को यह तरीका अव्यावहारिक भी लगता है। मुलाकात के शुरुआती चंद लम्हों में कोई व्यक्ति दूसरे व्यक्ति के सामने अपने स्वभाव की कई खूबियों को एकसाथ प्रकट नहीं कर सकता। कम समय के भीतर काफी सूचनाओं पर ध्यान देना आसान नहीं हो सकता, परिदृश्य में तब ढेर सारे रंग उभरते हुए दिखाई देते हैं।

जब आप किसी से मिलते हैं तो शुरू के चंद मिनटों में ही उस व्यक्ति को परखने के लिए आपको आसान विधि की जरूरत होती है जिससे व्यक्ति के स्वभाव का विश्वसनीय और सटीक विश्लेषण करना संभव हो सके। अच्छी खबर यह है कि इस तरह की विधि मौजूद भी है। इसके तहत मनुष्य की 5000 विशेषताओं में से सिर्फ दो विशेषताओं पर ध्यान देने की जरूरत होती है। इस विधि का इस्तेमाल आसानी के साथ किया जा सकता है और सटीक नतीजे हासिल किए जा सकते हैं। ऐसा इसलिए संभव हो पाता है चूँकि इसके तहत मानव-स्वभाव के दो सर्वाधिक सशक्त पहलुओं पर ध्यान दिया जाता है। ये दोनों पहलू मानव-स्वभाव को सबसे ज्यादा प्रभावित करते हैं।

खासतौर पर आपको निर्णय लेना पड़ता है कि जिन दो पैमानों की सहायता में आप सामनेवाले व्यक्ति की पड़ताल कर रहे हैं, वह किस प्रकार का व्यक्ति है। जब आप दोनों पैमाने पर व्यक्ति की सटीक स्थिति की जाँच कर लेते हैं तब आप उस व्यक्ति के स्वभाव को 80 प्रतिशत जान चुके होते हैं। आपको सिर्फ इतना ही करना पड़ता है।

दोनों पैमाने इस प्रकार हैं—

- पहला पैमाना निर्धारित करता है कि व्यक्ति अंतर्मुखी स्वभाव का है या बहिर्मुखी स्वभाव का। मनोवैज्ञानिक इसे मानव-चरित्र का सर्वाधिक महत्त्वपूर्ण पैमाना मानते हैं। आपको परखना है कि इस पैमाने पर व्यक्ति की स्थिति क्या है।
- दूसरा पैमाना निर्धारित करता है कि व्यक्ति किस हद तक कार्य-प्रेरित है या व्यक्ति-प्रेरित है। मनोवैज्ञानिक मानव व्यवहार को मापने के लिए इसे दूसरा सर्वाधिक महत्त्वपूर्ण पैमाना मानते हैं। कार्य-प्रेरित लोग बुद्धिसम्मत, उद्देश्य के प्रति समर्पित और विश्लेषक होते हैं। व्यक्ति-प्रेरित लोग भावुक, विषय के प्रति समर्पित और आत्मकेंद्रित होते हैं। आपको तय करना है कि सामनेवाले व्यक्ति की स्थिति इस पैमाने पर कहाँ है।

दोनों परिणामों को आपस में जोड़कर आप व्यक्ति को नीचे दिए चार्ट में रख सकते हैं।

लोगों के व्यवहार के चार प्रमुख तरीके

मानव स्वभाव को परिभाषित करने के इस तरीके की खोज हिप्पोक्रोट्स ने (ई.पू. 460 – ई.पू. 377) की थी। उन्होंने गौर किया था कि मनुष्य का व्यवहार हमेशा इन चार पहलुओं पर आधारित होता है। इतना समय गुजर जाने के बावजूद मानव–स्वभाव को तेजी से परखने का इससे बेहतर तरीका आज तक खोजा नहीं जा सका है। इसी खोज को बुनियाद मानकर आधुनिक मनोवैज्ञानिकों ने महत्त्वपूर्ण शोध की हैं।

इस जाँच के कारगर होने की वजह यह है कि इसके जरिए जहाँ विस्तृत जानकारी को आप एक तरफ रख सकते हैं, वहीं बड़ी तस्वीर पर ध्यान भी केंद्रित कर सकते हैं। आपको किसी व्यक्ति के साथ चंद लम्हे गुजारते ही अंदाजा हो जाता है कि दोनों पैमानों पर वह व्यक्ति वहाँ ठहरता है। जैसे ही आप यह बात जान जाते हैं, आप उसके व्यवहार की सटीक भविष्यवाणी कर सकते हैं।

मनोविश्लेषक इस तरह के व्यक्तित्व को 'कोले टिक' या 'टाइप ए पर्सनेल्टीज' कहकर पुकारते हैं। ऐसे व्यक्ति प्रतिस्पर्धी, उपलब्धि प्राप्त करनेवाले, दृढ़निश्चयी, लगनशील और उद्‌देश्यपूर्ण होते हैं। इस तरह के व्यक्तित्व के उदाहरण के रूप में विश्वप्रसिद्ध कार निर्माता हेनरी फोर्ड का नाम लिया जा सकता है। व्यापार और अन्य क्षेत्रों में ऐसे कई लीडर इसी तरह के व्यक्तित्व के धनी होते हैं। ऐसे लोगों को जन्मजात लीडर कहा जा सकता है।

ऐसे व्यक्ति खरीदारी क्यों करते हैं?

ऐसे व्यक्ति कार्य को पूरा करना चाहते हैं, वे कार्य को तुरंत पूरा करना चाहते हैं और वे कार्य को अच्छी तरह पूरा करना चाहते हैं। जब आप ऐसे व्यक्ति के साथ बातचीत करते हुए इन पहलुओं पर विशेष ध्यान देंगे तो वे आपको अनुकूल सेल्समैन समझेंगे।

मनोविज्ञान की शब्दावली में ऐसे व्यक्ति को 'प्लेगयेटिक' कहा जाता है। ऐसे लोग शांत और निरपेक्ष स्वभाव के होते हैं जो संसार के कार्य–व्यापार में भागीदारी करने की जगह दर्शक की भूमिका निभाते हुए

प्रतीत होते हैं। सावधानी और आत्म-अनुशासन उनकी विशेषता होती है। वे औपचारिक और सुनिश्चित रुख अपनाते हुए दिखाई देते हैं। इस तरह के लोग सफल एकाउंटेंट या जासूस बन सकते हैं। शर्लक होम्स का किरदार इसी व्यक्तित्व का उदाहरण माना जा सकता है।

ऐसे व्यक्ति खरीदारी क्यों करते हैं?

तर्कों और आँकड़ों पर आधारित बुद्धिसम्मत दलीलों से प्रभावित होने पर वे खरीदारी करते हैं।

मनोविज्ञान की भाषा में ऐसे व्यक्तित्व को 'सेंगुपेइन' कहा जाता है। ऐसे लोग सामाजिक रूप से मिलनसार, आशावादी और उत्साही स्वभाववाले होते हैं। वे स्वयं को लोकप्रिय होते हुए देखना चाहते हैं और उद्देश्यपरक निर्णय लेने में कमजोर होते हैं। वे प्रसन्न रहनेवाले कुशल वक्ता और मन के विचारों को व्यक्त करने में दक्ष होते हैं। कई मशहूर गायक और कलाकार इसी तरह के व्यक्तित्व के धनी माने जाते हैं। व्यापार में ऐसे लोग सेल्स, मार्केटिंग और प्रमोशन के क्षेत्र में सफल होते हैं।

ऐसे व्यक्ति खरीदारी क्यों करते हैं?

दूसरे लोगों की स्वीकृति प्राप्त करने का विचार उनके निर्णय को प्रभावित करता है, इसीलिए ऐसे लोग उन तर्कों से सर्वाधिक प्रभावित होते हैं जो सामाजिक स्वीकृति पर केंद्रित होते हैं। ऐसे लोग उत्साह से भरपूर होते हैं। इनके ऐसे गुणों को ध्यान में रखते हुए सौदे का प्रस्ताव रखना चाहिए।

मनोविज्ञान की भाषा में ऐसे व्यक्तित्व को 'मेलेकोलिफ' कहा जाता है। ऐसे लोग देखभाल करनेवाले और विश्वसनीय होते हैं मगर उनमें उत्साह की कमी होती है। ऐसे लोग खासतौर पर धैर्यवान और शांत स्वभाव के होते हैं जो कुछ लोगों के साथ घनिष्ठ रिश्ता कायम रखने के लिए ज्यादा लोगों के साथ रिश्ता गँवाने के लिए भी तैयार रहते हैं। ऐसे लोग प्रचार से दूर रहते हैं।

ऐसे व्यक्ति खरीदारी क्यों करते हैं?

ऐसे व्यक्ति परिवर्तन और जोखिम से बचना चाहते हैं। वे स्थायी समाधान

चाहते हैं ताकि इन दोनों खतरों से बचे रहें। ऐसे लोगों के साथ सौदा करते समय आपको इन दोनों पहलुओं पर ध्यान देना चाहिए।

ज्यादातर लोग इस विधि को तकरीबन 80 फीसदी व्यक्तियों के लिए कारगर समझते हैं, जिनसे वे व्यापार के सिलसिले में मिलते हैं। सभी विधियों की अपनी-अपनी विशेषता है, जब भी आप किसी व्यक्ति से मिलें, सबसे पहले उसके व्यक्तित्व का आकलन करें।

आपको कुछ पल ठिठककर यह भी सोचना चाहिए कि इस चार्ट में आपका स्वभाव किस श्रेणी में आता है। ग्रीक कहावत है—सबसे पहले अपने आपको जानना चाहिए। अब आप खुद को जान जाएँगे फिर कुछ परिचित लोगों के बारे में सोचें। उन्हें अलग-अलग श्रेणी में रखकर उनके स्वभाव का विश्लेषण करें। इस तरह का अभ्यास करते रहने से आप लोगों की पहचान करने की कला सीख जाएँगे।

जब आपको इस विधि की आदत पड़ जाएगी तो आसानी से आप अनजान व्यक्ति के स्वभाव का अंदाजा लगा पाएँगे। आप अपने स्वभाव से मिलते-जुलते लोगों के प्रति समानता का अनुभव करेंगे, वहीं अपने स्वभाव से प्रतिकूल लोगों के प्रति आप कड़ी चुनौती महसूस करेंगे। उदाहरण के तौर पर अगर आपका स्वभाव 'सामाजिक' श्रेणी का है तो आप उत्साह के साथ किसी उत्पाद की बिक्री करना चाहेंगे। 'विश्लेषक' श्रेणी के ग्राहक के साथ सहमति पर पहुँचना आपके लिए आसान नहीं होता।

वैसे, जब आप दूसरे व्यक्ति के स्वभाव का सटीक आकलन कर लेते हैं तब आप उस व्यक्ति के अनुरूप ही बर्ताव करते हुए उसे प्रभावित भी कर सकते हैं। जैसे-जैसे इस विधि को आजमाने में आप महारत हासिल करते जाएँगे, वैसे-वैसे आप लोगों से अपनी बात मनवाने में भी सफल होते जाएँगे। इस तरह की योग्यता से आपको विक्रय के अलावा जीवन के अन्य क्षेत्रों में भी लाभ मिलेगा।

क्यों कुछ लोग दूसरों को गलत समझ बैठते हैं?

इसके पीछे छह प्रमुख कारण हैं, जिनमें शुरू के तीन कारण एक-दूसरे से जुड़े हुए हैं—

1. पूर्वाग्रह

सबसे अधिक जाना-पहचाना कारण। हम लोग समान विशिष्टताओं वाले व्यक्तियों को एक ही नजर से देखते हैं और उनके स्वभाव के बारे

में पूर्वाग्रह बना लेते हैं। विक्रय के क्षेत्र में आपको कुछ पूर्वग्रहों के पीछे आधार भी नजर आएँगे। उदाहरण के तौर पर फाइनेंस डाइरेक्टर मुनाफे की तरफ अधिक ध्यान देता हुआ नजर आएगा, सेल्स डाइरेक्टर टर्न ओवर पर अधिक ध्यान देता हुआ नजर आएगा। जब आप पूर्वाग्रह के आधार पर व्यक्तियों को परखते हैं तब उनके बुनियादी स्वभाव को नजरअंदाज कर देते हैं। बुनियादी स्वभाव को जानकर ही आप बिक्री के लिए ठोस प्रयास कर सकते हैं।

2. आरंभ में देखे गए किसी लक्षण से आप गुमराह हो जाते हैं

मनोविज्ञान में इसे 'हालो इफेक्ट' कहा जाता है। इसके अंतर्गत किसी व्यक्ति में आरंभ में देखा गया कोई लक्षण उसके परवर्ती स्वभाव संबंधी हमारी राय को प्रभावित कर सकता है। उदाहरण के तौर पर किसी इंटरव्यू में ढीली-ढाली पोशाक पहने हुए प्रत्याशी का नकारात्मक प्रभाव इंटरव्यू लेनेवाले पर पड़ता है, जिससे पूरा इंटरव्यू प्रभावित हो सकता है। अकसर सेल्समैन इसी बात को लेकर गुमराह भी हो जाते हैं।

3. तार्किक त्रुटि

जब हम मान लेते हैं कि किसी व्यक्ति में नए स्वभाव की एक निश्चित विशेषता है तो हम कल्पना के आधार पर उसके रवैए का चित्र बना लेते हैं। इसे तार्किक त्रुटि कहकर पुकारा जाता है। मान्यता के आधार पर किसी व्यक्ति के बारे में राय कायम नहीं की जा सकती।

4. वही देखना जो हम देखना चाहते हैं

हम अकसर ऐसी चीजों पर गौर करते हैं जो हमारे वर्तमान की जरूरतों और उद्देश्यों से संबंधित होती हैं। एक प्यासे व्यक्ति की नजर पानी के गिलास को ढूँढ़ती है। मार्क ट्वेन का कथन है—'जिसके हाथ में हथौड़ा होता है वह हर जगह कील की तलाश करता रहता है।' सेल्समैन भी ग्राहक की शारीरिक मुद्रा और शब्दों का गलत अर्थ लगाकर इस निष्कर्ष पर पहुँच जाते हैं कि ग्राहक खरीदारी के लिए तैयार है, जबकि हकीकत में यह बात नहीं होती।'

5. वही देखना जिसकी हम अपेक्षा रखते हैं

जिस बात की हम अपेक्षा रखते हैं, वही देखने की कोशिश करते हैं। जबकि सेल्समैन को इस दिशा में खुले दिलो-दिमाग के साथ अग्रसर होने की जरूरत होती है।

6. व्यक्ति के चरित्र की जगह मूड को देखकर राय बनाना

किसी व्यक्ति को खराब मूड में पहली मुलाकात में देखकर हम उसके चरित्र के बारे में गलत राय बना लेते हैं। जिस तरह बादलों से आकाश ढक जाता है, उसी तरह खराब मूड के कारण कोई अच्छा व्यक्ति भी बुरा नजर आ सकता है।

□

विक्रय-कला के महत्त्वपूर्ण सूत्र

विक्रय-कला के महत्त्वपूर्ण सूत्रों को समझकर जहाँ हम विक्रय दायित्वों से भलीभाँति परिचित हो सकते हैं वहीं सफलता की तरफ आत्मविश्वास के साथ कदम भी बढ़ा सकते हैं। कुछ लोग सेल्स के पेशे में इसलिए आते हैं चूँकि वे इससे अधिक बेहतर पेशे के बारे में सोच नहीं सकते, कुछ लोग हिचकिचाहट के साथ इस पेशे में आते हैं और कुछ लोग भय और शंका से त्रस्त होकर इस पेशे में आते हैं। जब आप सेल्स के क्षेत्र में आ ही गए हैं तो आपके लिए हमेशा यही चुनौती रहेगी—सेल्समैन के रूप में मैं कैसे सफल हो सकता हूँ? मैं किस तरह तेजी से परिणाम हासिल कर सकता हूँ और वास्तव में अहम भूमिका का निर्वाह कर सकता हूँ? समय गुजरने के साथ-साथ आप पूछना शुरू कर देंगे—मैं बिक्री के क्षेत्र में बेहतर प्रदर्शन कैसे कर सकता हूँ? टिकाऊ कामयाबी हासिल करने के लिए मुझे क्या सीखना होगा, कौन सी गलती को सुधारना होगा, किन बातों से बचना होगा या किन मामलों में परिवर्तन करना होगा?

सफल बिक्री का पहला नियम सरल है : बिक्री अपने आप नहीं हो जाती।

इस सरल नियम को नहीं समझ पाने के कारण ही बहुत सारे सेल्समैन को असफलता का सामना करना पड़ता है।

बिक्री के क्षेत्र में पर्याप्त प्रशिक्षण की सुविधा नहीं होने के कारण नाकामी की दर और निराशाजनक प्रदर्शन अधिक देखने को मिलता है। हालाँकि कई तरह की प्रेरक नसीहतें सुनने को मिल जाती हैं और बिक्री बढ़ाने के नुस्खे भी मिल जाते हैं। प्रेरणा और बिक्री के नुस्खे महत्त्वपूर्ण होते हैं, मगर सिर्फ उन्हें आधार बनाकर बेहतर

प्रदर्शन कर पाना संभव नहीं होता।

बिक्री के क्षेत्र में श्रेष्ठ प्रदर्शन कोई ऐसा विशिष्ट क्षेत्र नहीं है जहाँ केवल विशिष्ट गुणोंवाले खिलाड़ी ही कामयाबी हासिल कर सकते हैं। जिन बुनियादी योग्यताओं से असाधारण प्रदर्शन कर पाना संभव हो सकता है, उन्हें कोशिश करके सीखा जा सकता है। इस तरह वर्षों तक प्रयोग करते रहने और गलतियों से सबक लेते रहने की लंबी प्रक्रिया से भी बचा जा सकता है।

विभिन्न कंपनियों के वरिष्ठ अधिकारी शिकायत करते हुए मिल जाएँगे कि उन्होंने जिन सेल्स प्रतिनिधियों को प्रभावशाली बायोडाटा, बुद्धिमत्ता और वर्षों के अनुभव के आधार पर चुना था, वे बिक्री के क्षेत्र में लक्ष्य तक पहुँचने के लिए बुनियादी योग्यता नहीं रखते हैं। इसके अलावा नौसिखिए सेल्समैन बिक्री दल का उत्पादक सदस्य बनने से पहले काफी वक्त बर्बाद करते हैं। दूसरी तरफ अनुभवहीन सेल्समैन कहेंगे कि उन्हें कभी लक्ष्य के बारे में ठीक से प्रशिक्षित नहीं किया गया। इस तरह दोनों ही पक्ष आंशिक रूप से सही नजर आते हैं।

सबसे महत्त्वपूर्ण है आप एक ऐसी रणनीति का विकास करें और उस पर अमल करें जिसे निरंतर आजमाया जा सके और जो व्यावहारिक भी हो, जिसके सहारे आप परिणाम हासिल कर सकें।

जब आप सफल बिक्री से संबंधित बुनियादी गतिविधियों को सीख लेते हैं तो आप उनका अनुकरण करते हुए सफलता हासिल कर सकते हैं। बिक्री महज एक गतिविधि का नाम नहीं है, बल्कि यह क्रेता, विक्रेता और संबंधित व्यक्तियों के बीच परस्पर संवाद की एक श्रृंखला होती है।

बिक्री की तीन बुनियादी गतिविधियाँ इस प्रकार हैं—

लक्ष्य — कार्य — परिणाम

बिक्री की शुरुआत लक्ष्य के निर्धारण के साथ होती है। लक्ष्य किसे कहते हैं? शब्दकोश में 'लक्ष्य' को परिभाषित किया गया है—'कोई प्रयत्न जो किसी उद्देश्य की तरफ प्रेरित होता है, लक्ष्य कहलाता है।'

लक्ष्य दो प्रकार के होते हैं—

रणनीतिक लक्ष्य बड़ी योजना पर केंद्रित होते हैं जिन्हें हम साकार करना चाहते हैं। जब हम किसी सपने को वास्तविकता के धरातल पर उतारना चाहते हैं। उदाहरण के तौर पर वार्षिक बिक्री की दर 200 प्रतिशत तक ले जाना या किसी उत्पाद को विश्व की प्रमुख कंपनियों को बेचना।

तर्कपूर्ण लक्ष्य निश्चित प्रकार के होते हैं जिन्हें प्राप्त करने के लिए ध्यान

देने की आवश्यकता होती है। बगैर अमल किए उन लक्ष्यों का कोई औचित्य नहीं होता। जब आप तर्कपूर्ण लक्ष्य की तरफ उदासीन हो जाते हैं तो आपको असफलता का सामना करना पड़ता है। एक महत्त्वपूर्ण संभावित ग्राहक के साथ आरंभिक वार्त्तालाप करना या किसी प्रशासनिक सहायक को इस बात के लिए राजी कर लेना कि वह अपने बॉस से आपकी फोन पर बातचीत करवा दें, तर्कपूर्ण लक्ष्य हो सकते हैं।

सेल्स के क्षेत्र में श्रेष्ठ प्रदर्शन करनेवाले जानते हैं कि रणनीतिक लक्ष्य की विशेष अहमियत होती है, लेकिन वे प्रत्येक तर्कपूर्ण लक्ष्य की विस्तृत तैयारी और क्रियान्वयन करना अधिक जरूरी समझते हैं। बिक्री की प्रक्रिया में आपको लगातार लक्ष्यों का सृजन, निर्धारण और पुनर्निर्धारण करते रहना चाहिए। प्रत्येक संभावित संवाद का नतीजा नया लक्ष्य हो सकता है। इस तरह हम अगले चरण, अगले उद्देश्य की दिशा में कदम बढ़ा रहे होते हैं।

लक्ष्य हमें विक्रय की प्रक्रिया के दूसरे चरण 'कार्य' की दिशा में ले जाता है।

बिक्री का अर्थ ही है ठोस कदम उठाना। कार्य किए बगैर आप निर्धारित लक्ष्य तक हरगिज नहीं पहुँच सकते। जब भी आप कोई लक्ष्य निर्धारित करते हैं तो इसका अर्थ होता है कि उसे पाने के लिए आपको कदम उठाना पड़ेगा। इसका मतलब है आपको संभावित ग्राहकों से संवाद स्थापित करना होगा, प्रेजेंटेशन देने की जरूरत पड़ेगी, आपत्तियों का निराकरण करना होगा, आर्डर प्राप्त करना होगा और इस तरह के दूसरे अनेक कार्य करने होंगे।

बिक्री की प्रक्रिया का तीसरा चरण है—परिणाम। परिणाम के बिना आपके प्रयत्नों का कोई अर्थ नहीं हो सकता। लक्ष्य की तरह परिणाम भी रणनीतिक और तर्कपूर्ण होते हैं और बिक्री की प्रक्रिया में निरंतर प्राप्त होते रहते हैं।

बिक्री के क्षेत्र में सफलता हासिल करने के लिए लगातार लक्ष्यों का निर्धारण करना होता है, निश्चित कदम उठाने होते हैं और अपेक्षित परिणाम हासिल करना पड़ता है।

एक आसान सवाल पूछकर इस प्रक्रिया का परीक्षण कर सकते हैं। अगर मैं लक्ष्य का निर्धारण न करूँ, कदम न उठाऊँ और नतीजे की परवाह न करूँ तो क्या फर्क पड़ेगा? इसका जवाब स्पष्ट हो सकता है। हो सकता है आप सफल हो जाएँ, मगर आपकी सफलता टिकाऊ नहीं हो पाएगी।

दैनिक जीवन में हजारों व्यवसाय के क्षेत्र में सेल्समेन मेहनत करते हैं और जब वे विक्रय की बुनियादी दक्षता का पालन नहीं करते तो उन्हें असफलता का मुँह देखना पड़ता है। अपने उद्देश्य को चुनने में उनसे गलती नहीं होती, मगर वे सफल

विक्रय-कला के गुरों को सीखने की तरफ ध्यान नहीं देते। बहुत सारे सेल्समेन यही मान बैठते हैं कि 'बिक्री अपने आप हो जाती है।' उनके मैनेजर भी इस मामले में लापरवाह होते हैं। उनका नजरिया इस तरह का होता है, 'देखो, मैं तुम्हें बिक्री के लिए पगार दे रहा हूँ। इसीलिए जाकर बेचो और बहाना मत बनाओ।'

पेशेवर खेल की दुनिया के एक उदाहरण की चर्चा हम यहाँ कर सकते हैं। क्या आप कल्पना कर सकते हैं कि पेशेवर फुटबाल खिलाड़ी रविवार की सुबह इकट्ठे होकर लॉकर रूम में बैठेंगे, यूनीफार्म पहनेंगे और फिर एक-दूसरे से पूछेंगे, इस हफ्ते हमें किस टीम के साथ मुकाबला करना है, मुकाबला जीतने के लिए हमें क्या करना होगा। ऐसा हरगिज नहीं होता। वे रोज अपनी प्रतिद्वंद्वी टीम का वीडियो देखकर उनकी खूबियों और खामियों का अध्ययन करेंगे, उसी के अनुरूप वे खेल का अभ्यास करेंगे और जीत हासिल करने के लिए मजबूत रणनीति तैयार करेंगे। कोच भी जीत हासिल करने के लिए प्रत्येक खिलाड़ी के साथ मेहनत करेगा और विजय की योजना तैयार करेगा।

यही बात विक्रय की प्रक्रिया पर भी समान रूप से लागू होती है।

विक्रय की प्रक्रिया

बिक्री की प्रक्रिया से अनुशासन पैदा होता है जिसके जरिए आप संभावित ग्राहकों का प्रबंधन करने की योजना बना सकते हैं, अपने विकास का आकलन कर सकते हैं और परिणामों पर नजर रख सकते हैं। असल में, बिक्री की प्रक्रिया के बगैर ग्राहकों के साथ संवाद कायम करने का तरीका आपके पास नहीं होता।

कई सेल्समैन 'प्रक्रिया' शब्द से चिढ़ जाते हैं। ये शिकायत कर सकते हैं, 'प्रक्रिया का मतलब है प्रबंधन की तरफ से मनमानी। इसके तहत ज्यादा समय रिपार्ट तैयार करने में ही खर्च हो जाता है और बिक्री का मूल कार्य करने के लिए समय नहीं रह जाता। मैं जितनी सूचनाएँ मुहैया करवाता हूँ, मुझसे उतने ज्यादा सवाल पूछे जाते हैं।' यह सच है कि कई कंपनियाँ विक्रय की प्रक्रिया को अत्यंत जटिल बना देने में विश्वास करती है और सेल्स टीम को इसकी वजह से परेशान होना पड़ता है।

प्रबंधन की मजबूरी हो सकती है कि वह सूचना संग्रह पर विशेष जोर दे, मगर बिक्री का लक्ष्य पूरा करने के लिए आपको संभावनाओं और ग्राहकों पर ध्यान केंद्रित करना चाहिए।

आप जिस उत्पाद या सर्विस की बिक्री कर रहे हैं, अगर उसके संबंध में आपकी कंपनी के पास निश्चित विक्रय प्रक्रिया नहीं है तो आपकी पहली चुनौती

होगी—अपने स्तर पर विक्रय की प्रक्रिया का विकास करना। ऐसे कई सफल सेल्समैन आपको नजर आएँगे जिन्होंने शुरुआत में जिस व्यावसायिक वातावरण में काम किया उसमें कोई परिभाषित विक्रय-प्रक्रिया मौजूद नहीं थी।

ऐसी कई कंपनियाँ नजर आएँगी जिनके पास आधारभूत संरचना के नाम पर ज्यादा कुछ नहीं होता। कुछ ऐसी कंपनियाँ होती हैं जो सेल्स टीम से सिर्फ परिणाम हासिल करने के लिए कहती हैं—'हम जानते हैं कि यह कठिन काम है, मगर हमें केवल परिणाम चाहिए, परिणाम कैसे हासिल करेंगे यह आपके ऊपर ही निर्भर करता है।'

इस दुविधा के चलते कई सेल्समैन स्वाभाविक रूप से हताश हो सकते हैं और वे विरोध जता सकते हैं : 'मुझे किसी ने बताया नहीं कि मुझे क्या करना है।' यह चुनौती अनुभवी सेल्समैन के साथ-साथ नए सेल्समैन के सामने भी मौजूद रहती है। जिस तरीके से सेल्स मैनेजमेंट का चुनाव और प्रशिक्षण होता है उसी के पीछे मूल समस्या छिपी होती है। अगर आपकी सेल्स टीम संभावित ग्राहकों पर केंद्रित प्रक्रिया की अभ्यस्त नहीं है या वह विक्रय-क्षेत्र के बाहर से आई है तो वैसी स्थिति में परिभाषित विक्रय-प्रक्रिया का वजूद नहीं होना स्वाभाविक होता है। आपकी कंपनी का आंतरिक परिचालन वातावरण चाहे जैसा हो, आपको संभावित ग्राहकों पर केंद्रित विक्रय प्रक्रिया की आवश्यकता होती है। आधी-अधूरी प्रक्रिया का होना भी प्रक्रिया के न होने से बेहतर होता है।

संवाद की योग्यता

विक्रय-कला में संवाद की योग्यता का महत्त्वपूर्ण स्थान है। शब्दकोश में 'संवाद' को इस तरह परिभाषित किया गया है—'स्वयं को इस तरह व्यक्त करने की क्षमता जिसे आसानी से स्पष्ट रूप से समझा जा सके।' सुनने में यह आसान लग सकता है मगर हम सभी जानते हैं कि संवाद कायम करना अत्यंत कठिन कार्य होता है। बिक्री के साथ संवाद का गहरा नाता होता है। श्रेष्ठ सेल्समैन संवाद की कुशलता का विकास करते हैं जिससे उनका प्रभाव स्वाभाविक रूप से बढ़ जाता है। हम यहाँ संवाद की कुशलता से संबंधित कुछ खास सूत्रों की चर्चा कर रहे हैं जिन्हें अपनाकर आप तेजी से अपनी बिक्री क्षमता को बढ़ा सकते हैं।

जनमानस की यह मान्यता रही है कि जो बालक बचपन में काफी बातें करता है, वयस्क होने पर वह एक सफल विक्रेता बन सकता है। माताओं को इस तरह की बातें कहते हुए सुना जा सकता है—'मेरा बेटा बातें बनाना पसंद करता है। जब वह

एक बार बोलना शुरू कर देता है तो रुकने का नाम ही नहीं लेता। बड़ा होकर वह जरूर सफल विक्रेता बनेगा।'

लेकिन सिर्फ बातें करना ही संवाद की दक्षता नहीं है। यह संवाद और बिक्री की प्रक्रिया का महत्त्वपूर्ण हिस्सा अवश्य है, मगर इसे ही सफलता का अचूक साधन नहीं माना जा सकता। ऐसे कई सेल्समैन दिखाई देंगे जो ग्राहकों के सामने काफी बातें करते हैं मगर तथ्यों, आँकड़ों और तकनीकी जानकारियों के बिना वे ग्राहकों को प्रभावित कर पाने में सफल नहीं होते।

बिक्री से जुड़े संवाद के चार उद्देश्य होते हैं—

- निर्धारित लक्ष्य हासिल करना
- दोनों पक्षों की सहमति
- संबंध-निर्माण में सहयोग
- अगले चरण में अनुबंध प्राप्त करना

प्रत्येक कार्य के लिये आवश्यक है टेलीफोन वार्तालाप, संभावित ग्राहक के साथ आमने-सामने हर तरह की बातचीत। क्या इसका अर्थ है कि आपकी, संवाद की कार्य योग्यता असफल भी हो सकती है? निश्चित रूप से ऐसा हो सकता है। एक बार जब आप लक्ष्य निर्धारण-क्रियान्वयन और परिणाम प्राप्त करने के आदी हो जाते हैं तब आपको महसूस होने लगता है कि इसी प्रक्रिया के आधार पर सफलता या असफलता निर्भर करती है।

विक्रय से संबंधित संवाद के लिए लक्ष्य निर्धारण करना अनिवार्य होता है।

लक्ष्य क्यों महत्त्वपूर्ण होते हैं? इसका आसान सा जवाब है—लक्ष्य के बिना आपके कार्य दिशाहीन होते हैं और उसी के अनुरूप परिणाम भी सही नहीं होते हैं। जब आप असमंजस की मनोदशा में अपने संभावित ग्राहक से संवाद स्थापित करते हैं तो उसके ऊपर आपका गहरा प्रभाव नहीं पड़ता। इस मामले में हमेशा याद रखना चाहिए, संभावित ग्राहक सेल्समैन के व्यक्तित्व में नेतृत्व की क्षमता की झलक पाना चाहते हैं और उसी के आधार पर वे व्यापार से संबंधित अहम फैसले लेने के लिए तैयार होते हैं। वे इस बात की पुष्टि कर लेना चाहते हैं कि जिनके साथ वे सौदा कर रहे हैं वह कुशल और सक्षम व्यक्ति है। विक्रय के क्षेत्र में असफलता की एक बड़ी वजह लक्ष्य का निर्धारण नहीं करना है।

बेसबाल के खिलाड़ी जब अभ्यास करते हैं तो अमूमन 30 फीसदी हिट ही लगा पाते हैं। इसका मतलब है 70 फीसदी समय वे नाकाम रहते हैं। सफलता की दर बढ़ाने के लिए वे लगातार अभ्यास करते हैं। वीडियो फुटेज को देखकर वे अपने

प्रदर्शन का आकलन करते हैं और फिर बेहतर प्रदर्शन करने के संकल्प के साथ अगले दिन मैदान में उतरते हैं। असफलता के अनुभव से वे गलतियों से छुटकारा पाना सीखते हैं। यही सिलसिला लक्ष्य निर्धारण-क्रियान्वयन-परिणाम हासिल करने की प्रक्रिया में नजर आता है। इस तरह के अनेक उदाहरण जीवन के विभिन्न क्षेत्र में मिल सकते हैं।

एक उदाहरण से इस विषय पर रोशनी डाली जा सकती है। एक भवन की लॉबी में एक सेल्स मैनेजर अपने सेल्स प्रतिनिधि के साथ बैठा है। दोनों संभावित ग्राहक से मिलने के लिए आए हैं। मैनेजर पूछता है—'तो हमलोग क्या बात करनेवाले हैं?' सेल्स प्रतिनिधि जवाब देता है—'हम मिलकर देखते हैं, हो सकता है ये लोग हमारे उत्पाद में दिलचस्पी दिखाएँ।' इस तरह की बातचीत दैनंदिन जीवन में अकसर सुनने को मिल सकती है। असल में ज्यादातर लोग अनिर्णय और तनाव की स्थिति में रहना पसंद करते हैं। ऐसे लोगों की धारणा रहती है कि तेजतर्रार व्यक्तित्व और स्मार्ट व्यवहार के जरिए ही ग्राहकों को प्रभावित कर सफलता हासिल की जा सकती है। इस तरह की गलतफहमी को जब प्रबंधन की तरफ से भी प्रोत्साहन मिलने लगता है तो सेल्समैन अति आत्मविश्वास का शिकार हो जाता है।

इसी दृश्य की कल्पना हम अलग ढंग से करते हैं। लॉबी में बैठे सेल्स मैनेजर और सेल्स प्रतिनिधि ने संभावित ग्राहक की जरूरतों को ध्यान में रखते हुए विस्तारपूर्वक भावी सौदे के बारे में बातचीत की। उन्होंने बैठक का लक्ष्य निर्धारित किया और यह भी निश्चित किया कि वांछित परिणाम हासिल करने के लिए वे क्या-क्या करेंगे।

ऐसी स्थिति में ग्राहक के मन पर किस टीम के नेतृत्व की क्षमता का गहरा प्रभाव पड़ेगा? निश्चित रूप से दूसरी टीम का पलड़ा भारी रहेगा।

अगर लक्ष्य के बिना सेल्स का प्रस्ताव रखा जाएगा तो असफलता ही मिलेगी।

जैसा कि पहले उल्लेख किया जा चुका है, लक्ष्य की दो श्रेणियाँ हैं—रणनीतिक और तर्कपूर्ण। रणनीतिक लक्ष्य हमारे सामने बड़ी तस्वीर रखता है—जैसे आर्थिक स्वतंत्रता प्राप्त करना, 50 साल की उम्र में रिटायर हो जाना। ऐसे लक्ष्य महत्त्वपूर्ण होते हैं और हमारी अपेक्षाओं से भी बढ़कर हमें प्रेरित करते हैं। व्यक्ति जिस चीज का सपना देख सकता है, उसे हासिल भी कर सकता है। तर्कपूर्ण लक्ष्य ऐसे होते हैं जिन्हें हासिल करने के लिए हमें संघर्ष करना पड़ता है। इसके तहत विस्तृत योजना बनाकर उनके आधार पर क्रियान्वयन करने की जरूरत होती है। उदाहरण के तौर पर अगर आपका लक्ष्य किसी व्यावसायिक प्रतिष्ठान के प्रमुख अधिकारी के साथ अगले सप्ताह बैठक करना है, तो इसे आप किस तरह क्रियान्वित करेंगे? तर्कपूर्ण

लक्ष्यों के लिए ठोस कदम उठाने पड़ते हैं और उसी के अनुरूप नतीजे भी हासिल होते हैं।

प्रत्येक सेल्स कॉल के लिए इस अध्याय के अंत में दिए गए सेल्स कॉल प्लान वर्कशीट का इस्तेमाल करें, प्रत्येक कॉल के बाद अपने प्रदर्शन का आकलन करें।

विक्रय का क्षेत्र आपको लक्ष्य निर्धारण की अहमियत सिखाता है और यही बजह है कि बड़े-बड़े सीईओ और उद्यमियों ने सफलता के सूत्र सीखने के लिए आरंभ में सेल्समैन का ही काम किया था। जैसे-जैसे सेल्समैन अपने क्षेत्र में अनुभव बटोरते जाते हैं और सफलता का स्वाद चखने लगते हैं, वैसे-वैसे वे लक्ष्य-निर्धारण पर ध्यान केंद्रित करना शुरू कर देते हैं। वे प्रत्येक कदम उठाने से पहले पूरी तैयारी कर लेते हैं और विक्रय की प्रक्रिया को पटरी पर कायम रखने के लिए हर संभव प्रयत्न करते हैं।

विक्रय से संबंधित संवाद का नतीजा दोनों पक्षों की सहमति होनी चाहिए।

हम कैसे निश्चित कर सकते हैं कि परस्पर संवाद से हम एक-दूसरे से प्रभावित हुए हैं या नहीं? दो योग्यताएँ अपनाकर आप काफी सफल हो सकते हैं—सुनना सीखिए और सवाल पूछना चाहिए।

सुनने की कला के बुनियादी सिद्धांत इस प्रकार हैं—

1. वक्ता की तरफ एकाग्र हो जाएँ।
2. ऐसा दर्शाएँ कि आप ध्यान से सुन रहे हैं।
3. 'मुझे करना होगा' और 'मैं सोचता हूँ' जैसे वक्तृत्व की जगह 'मैं कहना चाहूँगा' और 'मैं विचार करूँगा' जैसे वक्तव्य का इस्तेमाल करें।
4. आमने-सामने की मुलाकात में बॉडी लैंग्वेज का गहरा प्रभाव पड़ता है, दूसरी तरफ फोन पर होनेवाली बातचीत में शिष्टाचार का प्रभाव पड़ता है।

जब आप किसी व्यक्ति की बातें ध्यान लगाकर सुनते हैं तो उस समय आप उसे खुलकर कहने के लिए आमंत्रित कर रहे होते हैं। वैसी स्थिति में सामनेवाला व्यक्ति आप पर भरोसा करता है और अपने दिल की बात आपसे कहना चाहता है। इससे बड़ी सराहना और कुछ नहीं हो सकती कि सामनेवाले व्यक्ति के सामने आप दर्शाएँ कि उसकी बातें आपके लिए काफी अहमियत रखती हैं। इस तथ्य की प्रतिकूल परिस्थिति भी महसूस की जा सकती है। कितनी बार आप निजी तौर पर शिकायत कर चुके होंगे, 'कोई मेरी बात क्यों नहीं सुनता?' जब किसी को ठीक से सुना नहीं जाता तो क्रोध, क्षोभ, अविश्वास और गलतियों को पनपने का अवसर मिलता है।

आप संभावित ग्राहक के दिलो-दिमाग पर किस तरह का प्रभाव छोड़ना पसंद करेंगे?

वक्ता की तरफ ध्यान केंद्रित करने के लिए आपको अपने मन में दूसरे विचारों को बाहर निकाल देना चाहिए। वक्ता के सामने बैठकर अपने आपको याद दिलाएँ, 'मैं इस व्यक्ति की बातों को एकाग्र होकर सुनना चाहता हूँ।' वक्ता अपनी परिस्थितियों की वजह से रुकावट महसूस कर सकता है, लेकिन रुकावट की घड़ी में अगर मेरा रवैया शालीन बना रहेगा और उसके बाद भी मैं एकाग्र बना रहूँगा तो व्यक्ति के ऊपर अच्छा प्रभाव पड़ेगा और वह मेरे प्रति सकारात्मक बर्ताव करेगा।'

आमने-सामने की मुलाकात में आप अपनी रुचि, एकाग्रता और शालीन व्यवहार की शुरुआत अपनी आँखों की भाषा से कर सकते हैं। सामनेवाले की आँखों में आँखें डालकर आप गहरा प्रभाव डाल सकते हैं। अगर आपको ऐसा करने में कठिनाई महसूस होती हो तो किसी मित्र या रिश्तेदार की आँखों में झाँककर वार्त्तालाप करने का पूर्वाभ्यास कर सकते हैं। आँखों में झाँकते हुए बीच-बीच में सिर हिलाकर दर्शाएँ कि आप वक्ता की बातों को उत्सुकता के साथ सुन रहे हैं। बीच-बीच में कहें, 'अच्छा'''मैं समझ सकता हूँ'''मैं सहमत हूँ'''क्या बात है।' फोन पर वार्त्तालाप के दौरान भी इसी तरीके को आजमाकर वक्ता को प्रभावित किया जा सकता है।

संभावित ग्राहक की 'जरूरतें' क्या हैं और उसके पास कौन सी चीज 'जरूर' होनी चाहिए, इसका पता लगाना सफलता के लिहाज से महत्त्वपूर्ण होता है। क्या आप किसी ऐसे व्यक्ति से कोई उत्पाद या सर्विस खरीदना पसंद करेंगे जिसने कभी आपसे आपकी जरूरतों के बारे में जानने की कोशिश नहीं की हो? यह ठीक है कि प्यास लगने पर आप बिना पूछे ही पानी की बोतल खरीद सकते हैं। लेकिन जब आप कारोबार से संबंधित कोई बड़ी खरीददारी करेंगे तब बिना जानकारी हासिल किए आप खरीदने का निर्णय नहीं लेंगे। ज्यादातर सेल्समैन संभावित ग्राहक की जरूरतों का पता लगाने की कोशिश नहीं करते। इसके बदले वे अपनी या कंपनी की जरूरत को ग्राहक के सिर पर थोपने की कोशिश करते हुए नजर आते हैं।

एक सेल्समैन अपनी कंपनी के फाइनेंशियल कंट्रोल सिस्टम की चर्चा करने के लिए एक बैंक के वरिष्ठ अधिकारी से मिलने गया। वह काफी चिंतित था और अपना अच्छा प्रभाव डालना चाहता था। उसने तेजी से अपने नियोक्ता के बारे में बताया और अपने उत्पाद की खूबियों का बखान जोश के साथ करने लगा। अधिकारी ने झुँझलाते हुए उसे चुप रहने का इशारा करते हुए पूछा—'मुझे सिर्फ यह बताओ कि तुम्हारे उत्पाद से हमें क्या फायदा हो सकता है। क्या हमें इसकी जरूरत है?' जब सेल्समैन ने कहा कि उसका उत्पाद बैंक की जरूरत पूरी करेगा तो अधिकारी

ने कहा—'अगली बार जब आओ तो सिर्फ जरूरत की बात करो। इस तरह हम दोनों का काफी समय बच सकता है।'

आप अपने संभावित ग्राहक की जरूरत के अनुसार उत्पाद या सर्विस बेचते हैं। आपके कहने पर वह कोई भी चीज खरीदने का फैसला नहीं कर सकता। एक सवाल पूछा जा सकता है—'अगर ग्राहक को पता नहीं हो कि उसकी जरूरत क्या है, वैसी स्थिति में क्या करना चाहिए?' जिस व्यक्ति की जरूरत नहीं होती, वह ज्यादा खरीदारी भी नहीं करता। ऐसे व्यक्तियों को संभावित ग्राहक मान सकते हैं, निश्चित ग्राहक नहीं मान सकते। ध्यान से सुनने और सवाल पूछने की रणनीति को आजमाकर हम उन्हें उनकी जरूरत को उभारने के लिए प्रेरित कर सकते हैं। दूसरी बात, व्यक्ति की वास्तविक आवश्यकताएँ हमेशा रहती हैं, मगर उसे पता नहीं होता कि उसकी आवश्यकता की पूर्ति करने के साधन उपलब्ध भी हो सकते हैं।

बॉडी लैंग्वेज और फोन वार्त्तालाप के दौरान शिष्टाचार बरतते हुए हम संभावित ग्राहक की तरफ अपना ध्यान केंद्रित रखते हैं। वार्त्तालाप की शुरुआत विनम्रता के साथ करें। चाहें तो आप आगे की तरफ थोड़ा झुक जाएँ। इसके बाद बातचीत को आगे बढ़ाएँ। बॉडी लैंग्वेज को सकारात्मक बनाए रखें, अपनी बाँहों को आपस में बाँधें नहीं, न ही चेहरे पर कोई नकारात्मक भाव लाएँ, हताशा या शत्रुता के भावों को भी हरगिज प्रदर्शित न करें। अपने मोबाइल फोन को बंद कर दें। ग्राहक के बॉडी लैंग्वेज को ध्यानपूर्वक देखें—इसके जरिए आप अंदाजा लगा पाएँगे कि ग्राहक आपकी उपस्थिति में किस कदर सुविधाजनक या असुविधाजनक मनोदशा से गुजर रहा है, वह आपकी बातों की तरफ कितना गौर कर रहा है।

फोन पर वार्त्तालाप के दौरान शिष्टाचार का पहला नियम है किसी भी तरह की रुकावट से मुक्त रहना। किसी ग्राहक से बात करते समय उसे होल्ड पर रखना उचित नहीं है, न ही किसी जरूरी कॉल के लिए ग्राहक को इंतजार करवाना उचित है। अगर आप स्पीकर फोन का इस्तेमाल करना चाहते हैं तो इसकी अनुमति जरूर लें। कुछ लोग स्पीकर फोन का इस्तेमाल करना पसंद नहीं करते। चूँकि उन्हें आशंका रहती है कि कोई अवांछित व्यक्ति भी उनकी बातें सुन सकता है।

सवाल पूछने के छह नियम हैं—कौन? क्या? कब? कहाँ? कैसे? और क्यों?

स्पष्ट सवाल पूछने से संतोषजनक जवाब भी मिलता है। सवाल पूछने के साथ-साथ ध्यान से सुनना जरूरी होता है, सुनते रहने से नए सवाल पैदा होते हैं

और नए तथ्यों का पता चलता है। इस तरह संवाद की प्रक्रिया आगे बढ़ती जाती है। विक्रय की प्रक्रिया में बहुत सारे सवाल उत्तरविहीन क्यों रह जाते हैं? जो श्रेष्ठ प्रदर्शनकर्ता होते हैं वे उत्तरविहीन सवाल की कम गुँजाइश छोड़ते हैं। सेल्स के क्षेत्र में नए आए लोगों की योग्यता का अंदाजा इस बात से लगाया जा सकता है कि वे कितने सवालों का ठीक से जवाब नहीं दे पाते।

कई लोगों के लिए सवाल पूछना अप्रिय अनुभव होता है। क्यों? चूँकि ऐसे सवाल हमें वास्तविकता के करीब ले जाते हैं और अकसर वास्तविकता कड़वी होती है। हमसे कहा जा सकता है कि हमारा प्रदर्शन ठीक नहीं है या वे हमारे प्रतिद्वंद्वी को ज्यादा पसंद करते हैं या हमारी सेवाएँ उनकी कंपनी की जरूरतें पूरी नहीं करतीं या ग्राहक को हमारा संदेश ठीक से समझ में नहीं आता है।

विक्रय के क्षेत्र में आपको इस तथ्य को समझना होगा कि जिस वास्तविकता को आप नहीं जानते, वह आपके लिए तकलीफदेह हो सकती है।

वास्तविकता जानने के लिए सवाल पूछें, सुनें, फिर पूछें और पूरी तरह तसल्ली कर लें। इस तरह सबक सीखा जा सकता है। आप अंदाजा लगा सकते हैं कि आपका प्रदर्शन कैसा रहा है।

विक्रय से संबंधित संवाद के जरिए संबंध का निर्माण होना चाहिए।

अधिकतर लोग क्या चाहते हैं—

- वे अपने प्रति विशेष तवज्जो चाहते हैं।
- वे एक बेहतर भविष्य चाहते हैं।
- वे निश्चित दिशा चाहते हैं।
- वे अपनी आवश्यकता को प्राथमिकता देते हैं।
- वे सफल होना चाहते हैं।

विक्रय से संबंधित संवाद का परिणाम परस्पर सहमति के रूप में सामने आना चाहिए।

□

सेल्स कॉल प्लान वर्कशीट

कॉल की तारीख ....

इस संबंध में अंतिम गतिविधि का विवरण

....

....

....

मैंने जो वादे किए

....

....

जो वादे पूरे नहीं हुए हैं

....

....

जिनसे संपर्क किया गया श्री/श्रीमती ....

शीर्षक ....

विक्रय-क्षेत्र में स्थिति ....

संभावित ग्राहक के साथ वर्तमान में रिश्ता

....

सकारात्मक पहलू	चुनौतियाँ
•	•
•	•
•	•

मुझे किस तरह संबंध बनाना चाहिए?

....

इस कॉल के लिए मेरा लक्ष्य

....

इस कॉल के लिए ग्राहक के लक्ष्य के बारे में मेरा आकलन

....

मैं इस संभावित ग्राहक से क्या सीख सकता हूँ?

....

मैं कैसी सूचनाओं का आदान-प्रदान करूँगा?

....

मेरी कंपनी

....

मेरे उत्पाद

....

प्रतियोगिता

....

मेरा बिजनेस प्रपोजल

....

इस कॉल से मैं क्या परिणाम हासिल करना चाहता हूँ?

....

मैं ग्राहक से क्या कदम उठाने के लिए अनुरोध करूँगा?

....

□

बिक्री बढ़ाने के सूत्र

आधुनिक व्यापार में विक्रय-कला का महत्त्वपूर्ण स्थान है और आधुनिक तंत्र को अपनाए बिना आज का व्यापारी सफल नहीं हो सकता। अर्थ-प्राप्ति के इच्छुक चाहे जिस क्षेत्र में काम करते हों, पर विक्रय-कला के मूल सिद्धांतों को अपनाए बिना वे इस स्पर्धा के युग में टिक नहीं पाएँगे।

विक्रय-कला की मुख्य बातें इस प्रकार हैं—

1. स्वागत
2. ग्राहक की जरूरत को समझना
3. आकर्षक रीति से माल रखना और बताना
4. माल के चुनाव में सहायता
5. माँगी हुई वस्तु के अतिरिक्त माल दिखाना
6. चुनाव के लिए धन्यवाद
7. सेवा

अधिकतर सेल्समैन विक्रय-कला के इन महत्त्वपूर्ण सिद्धांतों से अपरिचित रहते हैं। वे नहीं जानते हैं कि ग्राहक को हँसकर स्वागत करने का क्या सुपरिणाम होता है? ग्राहक आपके यहाँ से इच्छित माल ही नहीं खरीदता, बल्कि आपके प्रति उसका ऐसा आकर्षण हो जाता है कि वह आपका स्थायी ग्राहक बन जाता है। साथ ही दूसरे ग्राहकों को भी आपके यहाँ पहुँचने के लिए प्रोत्साहित करता है। यदि ग्राहक के मन में हमारे व्यवहार का अनुकूल प्रभाव न हो तो दुकान में इच्छित माल होने पर भी वह खरीदने को तैयार नहीं होता।

अकसर बड़ी दुकानों में घुसते हुए ग्राहक को संकोच होता है। यदि आप उसका हँसकर स्वागत करते हैं, मधुर भाषा में उसकी आवश्यकता पूछते हैं तो

उसका संकोच मिट जाता है और वह आवश्यक माल खरीद लेता है, अन्यथा वह बिना कुछ लिए ही वापस चला जाता है। चीनी की कहावत है—'दुकानदार को सदा हँसमुख ही रहना चाहिए।'

दुकान में ग्राहक के खरीदने योग्य तरह-तरह का काफी माल भरा हो, जगह भी पर्याप्त हो, तब ग्राहक तो आएँगे काफी संख्या में, पर योग्य सेल्समैन के अभाव में वापस लौट जाएँगे। इसीलिए सेल्समैन में आनंदी वृत्ति होनी चाहिए। और साथ-साथ उसमें धीरज, कौशल और आत्मीयता जैसे गुण भी होने चाहिए। सेल्समैन का व्यक्तित्व आकर्षक हो, उसमें व्यवस्था और सुघड़ता हो। अपने कार्य के प्रति उत्साह एवं आत्मविश्वास हो, उसे विविध भाषाओं का ज्ञान भी होना चाहिए, तभी उसे विक्रय-कला में सफलता मिल सकती है।

ग्राहक के स्वागत के बाद जब सेल्समैन उससे पूछता है—'मैं माल के चुनाव में आपकी क्या सहायता कर सकता हूँ,' तो ग्राहक उसे बेहिचक अपनी जरूरत बता देता है। फिर सेल्समैन को ग्राहक से खुद ज्यादा बात न करके उसकी बात पर ध्यान देना चाहिए। माल दिखाते समय पहले ही उसकी कीमत न कहकर उस माल की विशेषता की चर्चा करनी चाहिए। इसमें भी यह ध्यान रखें कि झूठी प्रशंसा न की जाए। ग्राहक पर यह प्रभाव नहीं पड़ना चाहिए कि आप जैसे-तैसे माल को उसके सिर मढ़ना चाहते हैं। वास्तव में उसकी जरूरत, रुचि और इच्छा परखनी चाहिए, तब उसे अपनी राय देनी चाहिए। कौन सा माल अच्छा है और कौन सा बुरा है, यह सेल्समैन ही अच्छी तरह जानता है। इसीलिए सेल्समैन ग्राहक का ठीक से मार्गदर्शन करे। उसकी यही कोशिश रहे कि ग्राहक को संतोष हो और उसे अच्छा माल मिले। उसके मन में सेल्समैन के लिए यह भावना पैदा हो जाए कि वह सिर्फ सेल्समैन ही नहीं, उसका मित्र तथा हितैषी भी है।

सेल्समैन के सामने कई तरह के ग्राहक पहुँचते हैं। कुछ तो ऐसे होते हैं, जो कुछ खरीदना है? उसका उन्हें पूरा निश्चय होता है। कुछ व्यक्ति खरीदना तो चाहते हैं, पर क्या खरीदें इसकी उन्हें निश्चित और स्पष्ट कल्पना नहीं होती। और कुछ ऐसे भी होते हैं कि उन्हें क्या खरीदना है, इसकी उनके मन में कोई कल्पना ही नहीं होती। इसलिए सेल्समैन को प्रत्येक ग्राहक की बात समझकर उन्हें कैसा माल देना है, यह निश्चय करके माल दिखाना चाहिए, वह ग्राहक को वही चीज बताए जो उसकी रुचि के अनुकूल हो। कभी गैर-जरूरी सामान न दिखाए। संभव है, एक बार ग्राहक वह सामान ले तो जाए, पर उसे बराबर पछतावा रहेगा और वह यही मानेगा कि सेल्समैन ने उसे मूर्ख बनाया। इस तरह

वह फिर कभी उसकी दुकान पर नहीं जाना चाहेगा।

माल खरीदते समय ग्राहक मुख्य रूप से निम्न बातों को ध्यान में रखते हैं—

- कुछ ग्राहक पैसा देकर उसके मूल्य का उपयोगी माल खरीदते हैं।
- कुछ संतोष और सुख के लिए माल खरीदते हैं।
- कई लोग दूसरों की सहायता या लाभ पहुँचाने के लिए या भले काम में मदद करने के लिए माल खरीदते हैं।
- कई ग्राहक प्रदर्शनप्रियता की वजह से निरर्थक वस्तुएँ खरीदते हैं।
- कुछ ग्राहक अपनी जिज्ञासा की पूर्ति के लिए अच्छी चीज देखकर खरीददारी करते हैं।

इसलिए सेल्समैन को ग्राहक की इन सब वृत्तियों का अध्ययन कर माल दिखाना चाहिए।

सेल्समैन को अपना माल इस तरह सजाना चाहिए कि जिससे ग्राहक उसे देखकर आकर्षित हो। ग्राहक को माल दिखाते समय भी इस बात का ध्यान रखें कि कैसे उसका ज्यादा-से-ज्यादा आकर्षण बढ़े।

यदि ग्राहक को किसी कारणवश माल लौटाना पड़े तो कुशल सेल्समैन बिना किसी दलील के तुरंत माल बदल देता है, इससे वह उसका स्थायी ग्राहक बन जाता है और इस कार्य का उसके मन पर भी बहुत अच्छा प्रभाव पड़ता है।

इस संबंध में स्वतंत्रता से पहले के एक सफल सेल्समैन विठ्ठलदास जेरावाणी के जीवन के अनुभव का उल्लेख किया जा सकता है।

बचपन की बात है। तब विठ्ठलदास का परिवार अफ्रीका में रहता था। पिताजी ने उनसे कहा कि पढ़ाई के साथ-साथ उन्हें व्यापार भी करना चाहिए और उन्होंने विठ्ठलदास के हाथ में तार में पिरोई हुई दाँत-कुरेदनी और कान-कुरेदनी देकर कहा—'जाओ, इसे बेच आओ,' उन्होंने पिताजी से कहा—'पिताजी, मुझे खेलने जाना है, साथी राह देखते होंगे।'

पिताजी नाराज हो गए और गुस्से में बोले—'तू व्यापारी का बेटा है। तुझे व्यापार करके रोटी कमानी है या भीख माँगनी है। तुझे ये सब कुरेदनियाँ बेचनी ही हैं। इन्हें बेचकर आ, फिर खेलने जाना।'

वे रो पड़े और रोनी सूरत बनाकर ही बाहर निकले। काफी देर तक घूमने के बाद भी वे एक कुरेदनी भी नहीं बेच पाए। लौटने पर पिताजी बोले, 'ऐसी रोनी आवाज से काम नहीं चलेगा। इतनी जोर से आवाज लगाओ कि तीसरी मंजिल पर रहनेवाला भी सुन सके।' तब वे फिर निकले और जोर से आवाज

लगाने लगे। पहली जोड़ी बिकी, आत्मविश्वास बढ़ा, आवाज में कुछ तेजी आई और थोड़े ही समय में वे पचास कुरेदनी बेचकर पैसे लेकर पिताजी के पास आ गए और बोले—'लीजिए पैसे, मैं सभी बेच आया।' पिताजी को संतोष हुआ।

दूसरा पाठ उन्हें मुंबई में मिला। उस समय वे लोकमान्य तिलक द्वारा स्थापित स्वदेशी स्टोर्स में सेल्स सुपरिंटेंडेंट थे। उनके पास एक सज्जन आए और बोले—'मैं स्टोर से एक साड़ी ले गया था, जिसे धोने पर उसका रंग चला गया।' उन्होंने कहा—'आप कल आइए, मैं इस विषय में आपको बता सकता हूँ कि मैं क्या कर सकता हूँ।' सज्जन अपना पता लिखवाकर दूसरे दिन आने की बात कह गए, तब उनके मैनेजर ने कहा, 'ग्राहक को कल न बुलाकर तुरंत साड़ी बदल देनी चाहिए थी।' तब से उन्होंने पाठ सीखा कि ग्राहक की शिकायत तुरंत दूर की जाए। यह सबसे बड़ा विज्ञापन साबित हो सकता है।

सेल्समैन को अपने धंधे की नवीनतम जानकारी होनी चाहिए। ऐसे सेल्समैन अपनी बिक्री बढ़ाने में अत्यंत सफल होते हैं जो अपने माल के उपयोग करने की आवश्यक सूचनाएँ देते हैं।

अंत में ग्राहक जब माल का चुनाव कर ले तो उससे यह अवश्य कहिए कि उसका चुनाव बड़ा सुरुचिपूर्ण और उत्तम रहा। इससे ग्राहक को संतोष होगा। हर व्यक्ति चाहता है कि उसके चुनाव की दूसरे लोग प्रशंसा करें। यदि कोई ऐसा ग्राहक भी आए जो बहुत सी चीजें देखकर भी कुछ न खरीदे तो भी आप नाराज मत होइए और मुस्कराकर कहिए, 'कोई बात नहीं, आज आपको कोई चीज पसंद नहीं आई तो फिर कभी अवश्य आइए। संभव है तब आपकी पसंद की चीज मिल जाए।'

□

उम्दा सेल्समैन की खूबियाँ

प्रभावशाली तरीके से विक्रय करने के लिए कुछ अनिवार्य कदम उठाने की आवश्यकता होती है। बाजार में दिनों-दिन नए प्रयोग होते रहे हैं। नए सिद्धांत, नई अवधारणाएँ, तकनीकें और प्रौद्योगिकी को अपनाकर बिक्री बढ़ाने के तरीके बताए जा रहे हैं। मगर विक्रय का शाश्वत सिद्धांत कभी बदलनेवाला नहीं है।

एक चीनी कहावत है—'जिस व्यक्ति के चेहरे पर मुस्कराहट नहीं होती, उसे दुकान नहीं खोलनी चाहिए।'

बेचना एक प्राचीन कला है, खासतौर पर व्यक्तिगत या प्रत्यक्ष विक्रय का प्रचलन पुराने जमाने से रहा है। ग्राहक के रूप में हम सेल्समैन की क्षमता से अनभिज्ञ हो सकते हैं मगर सच्चाई यही है कि सेल्स फोर्स सामूहिक रूप से बाजार को आगे की तरफ ले जाता है। प्रौद्योगिकी के विकास की मदद से भी बिक्री कार्य बल को मजबूत बनाने का प्रयास किया जाता है।

जब सेल्समैन की चर्चा होती है तो सवाल पैदा होता है—बेहतर सेल्समैन किसे कहते हैं?

इसके संबंध में अमेरिकी मार्केटिंग सलाहकार मार्क मेकोरनेक का कथन है—

"मेरे विचार से एक उम्दा सेल्समैन में निम्नलिखित खूबियाँ होनी चाहिए—

- अपने उत्पाद पर विश्वास करे।
- अपने आप पर भरोसा रखे।
- ढेर सारे लोगों से मिले।
- समय की पाबंदी का ध्यान रखे।

- ग्राहक की बातें ध्यान से सुने मगर याद रखे कि जरूरी नहीं ग्राहक जो चाहता है उसी के बारे में वह बात भी करता है।
- हास्यबोध का विकास करे।
- बार-बार प्रयास करे।
- हर किसी को संभावित ग्राहक समझे।
- बिक्री से पहले जैसी आक्रामकता आप में होती है, बिक्री के बाद भी आपमें वैसी ही आक्रामकता होनी चाहिए।
- विवेक का इस्तेमाल करे।

ऐसा नहीं है कि मैं खूबियों की नई सूची बना रहा हूँ। ये अनिवार्य और शाश्वत खूबियाँ हैं जिन्हें सभी सेल्समैन को सीखना चाहिए।

प्रभावशाली तरीके से बिक्री बढ़ाने के लिए निम्नलिखित जरूरी सूत्रों का पालन करना चाहिए—

- ग्राहक और कुछ नहीं एक घंटे पहले तक एक संभावित ग्राहक होता है। संभावित ग्राहक की पहचान करें और उसे प्रभावित करें।
- सूचनाएँ एकत्रित करें और संभावित ग्राहक तक पहुँचने के लिए सर्वश्रेष्ठ साधन का चयन करें। पूर्व तैयारी के जरिए ठोस रणनीति बनाई जा सकती है।
- ग्राहक का ठीक से अभिवादन करें और सकारात्मक तरीके से अपनी बातें कहें।
- प्रेजेंटेशन ऐसा हो कि ग्राहक के मन में उत्सुकता और दिलचस्पी पैदा हो।
- किसी भी ग्राहक को आसानी से संतुष्ट नहीं किया जा सकता, न ही आसानी से वह आपका उत्पाद खरीदने के लिए तैयार होगा। ग्राहक के मन के तर्कसम्मत अवरोधों को दूर करने का प्रयास करें।

इन सूत्रों को आजमाने के साथ ही सेल्समैन को अनुभव से भी सीख लेनी चाहिए। वे रचनात्मक सोच के जरिए अपने प्रदर्शन में आशातीत सुधार ला सकते हैं। सेल्समैन को ग्राहकों को प्रभावित करने के लिए अपनी कल्पनाशक्ति का इस्तेमाल करना चाहिए। प्रत्येक ग्राहक के साथ अलग तरीके के व्यवहार की जरूरत होती है। असरदार व्यक्तित्व और रचनात्मक कल्पनाशीलता के सहारे

विक्रय के क्षेत्र में कामयाबी हासिल की जा सकती है।

एक श्रेष्ठ सेल्समैन कोई भी वस्तु बेच सकता है चूँकि हकीकत में वह अपने आपको बेच रहा होता है। ग्राहक के हितों की परवाह करते हुए उसे प्रभावित किया जा सकता है। याद रखें कि ग्राहक कभी वस्तु नहीं खरीदता है, वह तो सिर्फ उसके फायदे खरीदता है। सेल्समैन का बर्ताव शालीन होना चाहिए।

□

अपना पहला सेल्स जॉब कैसे हासिल करें

अपना पहला सेल्स जॉब हासिल करने के लिए आपको जहाँ शोध करने की जरूरत होगी, वहीं धैर्य और इंटरव्यू की कुशलता की भी जरूरत होगी। कैरियर की योजना बनाकर आप इस दिशा में कदम आगे बढ़ा सकते हैं।

मैं किसके लिए काम करना चाहता हूँ?

इस सवाल का आसान जवाब होगा—"कौन परवाह करता है? मुझे एक काम की जरूरत है, मैं कोई भी सेल्स जॉब करने के लिए तैयार हूँ।" इस तरह के रवैए की समस्या है वक्त और मौका गँवाने का खतरा उठाना। अपने पसंदीदा क्षेत्र से अलग बिक्री के कार्य में मेहनत करने पर भी आपको श्रेय से वंचित होना पड़ सकता है। स्थानीय डिपार्टमेंटल स्टोर में सेल्स का कार्य करने से आपको औषधि व्यवसाय में सेल्स का महत्त्वपूर्ण कार्य नहीं मिल जाएगा। असल में, इस तरह आप पिछड़ सकते हैं। प्रबंधक इंटरव्यू के दौरान आपसे पूछ सकता है कि आपने महत्त्वहीन पद पर काम करना क्यों स्वीकार किया। इसका मतलब है अस्थायी किस्म के पद पर कार्य करने से आप गंभीर किस्म के अवसर से वंचित हो सकते हैं। आप जो चाहते हैं उस पर ध्यान केंद्रित करें और किसी भी सूरत में समझौता न करें।

प्रत्येक व्यवसाय में नौसिखिया किस्म के सेल्समैन को तरजीह दी जाए, यह जरूरी नहीं है। कुछ कंपनियाँ ऐसी हो सकती हैं जहाँ नए लोगों को सिखाने का कोई प्रावधान नहीं भी हो सकता है, उनके व्यापार का मॉडल ऐसा हो सकता

है जिसके लिए वर्षों के विशिष्ट अनुभव की आवश्यकता हो सकती है। अगर आप तेजी से अपने कैरियर को पटरी पर लाना चाहते हैं और जल्द-से-जल्द विक्रय-कला को सीखना चाहते हैं तो आपको निम्न सूत्रों को ध्यान में रखना होगा—

1. **ऐसा कैरियर चुनें जो आपको पसंद हो।**

   अगर आप मेडिकल के क्षेत्र में काम करना चाहते हैं तो इससे जुड़े किसी हिस्से में कार्य हासिल करने का प्रयत्न करें। आपकी पसंद आपकी शिक्षा, परिवार या मानसिक धारणा के आधार पर निर्धारित हो सकती है। हो सकता है आप जीवन में एक की जगह तीन अलग-अलग क्षेत्रों में कार्य करने के लिए प्रेरित हों, इसीलिए अपनी पसंद के एक क्षेत्र में कार्य करते हुए कुछ वर्षों बाद आपको ऐसा महसूस हो सकता है कि असल में आपका प्रिय क्षेत्र तो कुछ और ही है। अहम बात यह है कि अपने कैरियर के लक्ष्य तक पहुँचने के लिए आपको सोच-समझकर आरंभिक बिंदु का चुनाव करना ही होगा।

2. **अपने चुने हुए क्षेत्र के प्रमुख नियोक्ताओं के संबंध में शोध करें।**

   अनगिनत डाटाबेसों और लिस्टिंग सर्विसेज की मदद से आप तेजी से संभावित नियोक्ताओं की सूची तैयार कर सकते हैं। अपनी पसंद के आधार पर आप सूची का वर्गीकरण कर सकते हैं। जो नियोक्ता श्रेष्ठ प्रशिक्षण कार्यक्रम उपलब्ध करवाते हैं वैसे नियोक्ताओं पर विशेष रूप से ध्यान दें। यह भी निर्धारित करें कि किन कंपनियों की विकास दर अच्छी है। नियोक्ताओं की प्रतिष्ठा व्यापार जगत में कैसी है? क्या आप बृहद् प्रतिष्ठित व्यापारिक प्रतिष्ठान के साथ काम करना चाहते हैं या किसी छोटे उद्यम के साथ जुड़ना चाहते हैं? कौन सी कंपनियाँ बहाली के लिए विज्ञापन जारी कर रही हैं और कौन सी कंपनियाँ विज्ञापन जारी नहीं कर रही हैं? ऐसे ही कई सवालों के जरिए आपको मदद मिल सकती है और आप तय कर सकते हैं कि किस तरह के नियोक्ताओं से आप काम माँग सकते हैं। बेहतर शोध और होमवर्क की मदद से आप अपने लक्ष्य को पाने की दिशा में ठोस कदम बढ़ा सकते हैं।

3. **नेटवर्क बनाएँ।**

   पढ़े-लिखे युवाओं, मित्रों, रिश्तेदारों और परिचितों से संपर्क बनाएँ और

सेल्स के क्षेत्र में रोजगार ढूँढ़ने के उनके अनुभवों का लाभ उठाएँ। उन्होंने अपने-अपने कार्यक्षेत्र में जो भी सीखा है उससे आप क्या सीख सकते हैं और रोजगार की तलाश में आपको किस तरह सहायता मिल सकती है? निश्चित कंपनियों के साथ उनका अनुभव कैसा रहा है? क्या वे आपका परिचय मैनेजरों या दूसरे व्यावसायिक अधिकारियों से करवा सकते हैं? इस तरह आप व्यक्तिगत संबंध और परिचय के आधार पर रोजगार की तलाश तेजी से कर सकते हैं। आपका नेटवर्क जितना मजबूत होगा, आपके सामने उतने ही ज्यादा अवसर भी आएँगे।

4. **तय करें कि आप किस श्रेणी के सेल्समैन बन सकते हैं।**
   सेल्समैन की श्रेणियों का आकलन कर आप सुनिश्चित कर सकते हैं कि विक्रय क्षेत्र की दो बुनियादी चुनौतियों—परिवर्तन को स्वीकार करने की योग्यता और ठोस क्रियान्वयन की इच्छा—को किस तरह अपनाते हैं। अपनी श्रेणी के अनुकूल कार्य का चुनाव करते हुए आप सफलता को सुनिश्चित कर सकते हैं।

   अपना सैलिंग कैरियर कहाँ से शुरू करना है और आपके लिए अनुकूल कंपनियाँ कौन सी है, यह निश्चित कर लेने के बाद आप दूसरा कदम उठाने के लिए तैयार हो सकते हैं।

इंटरव्यू का सामना कैसे करें

हम दो अहम बिंदुओं की चर्चा कर रहे हैं—इंटरव्यू तक कैसे पहुँचें और इंटरव्यू को कामयाब अनुभव कैसे बनाएँ। इंटरव्यू के लिए कुछ दक्षताओं का होना आवश्यक होता है। इंटरव्यू का कौशल विक्रय के कौशल से मिलता-जुलता है। इंटरव्यू के दौरान आप जिस उत्पाद को बेच रहे होते हैं वह आपका अपना जाना-पहचाना व्यक्तित्व ही होता है।

इंटरव्यू तक पहुँचने के लिए धैर्य और निर्भीकता जैसे गुणों से लैस होना आवश्यक होता है। किसी भी व्यापार के क्षेत्र में सेल्स इंटरव्यू तक पहुँचने के लिए आप एक आसान तरीका आजमा सकते हैं। कंपनी कोई भी हो, आप उसके सेल्स के प्रभारी को फोन कर सबसे पहले अपना परिचय दें और कहें—मैं सेल्स के क्षेत्र में कैरियर बनाना चाहता हूँ और इस संबंध में आपका मार्गदर्शन हासिल करना चाहता हूँ। क्या आप मुझे 15 मिनट का समय दे सकते हैं?

अगर आप सेल्स के क्षेत्र में दूसरा या तीसरा कार्य कर रहे हैं तो इस तरह

की बात कह सकते हैं—'मैं सेल्स कैरियर के शुरुआती दौर में हूँ और आगे की तरफ बढ़ने के लिए आपका मार्गदर्शन लेना चाहता हूँ।' सेल्स मैनेजर आपसे पूछ सकता है कि आपको उसके नाम का पता कैसे चला। आप जवाब दें, 'मैंने इस क्षेत्र में कई महत्त्वपूर्ण कंपनियों के बारे में शोध किया है और मैं इस नतीजे पर पहुँचा हूँ कि आपकी कंपनी इस क्षेत्र में अग्रणी है,' या, 'मुझे अमुक ने आपका नाम बताया…'

इस तरह आप जो संदेश देते हैं उसका गहरा प्रभाव पड़ता है। इससे पता चलता है कि आपने अच्छी तरह होमवर्क किया है, आप में संभावनाएँ हैं, आपमें निर्भीकता और धैर्य है। कोई भी सेल्स मैनेजर आप जैसे व्यक्ति को काम देने के लिए तैयार हो सकता है। वह आपको आज, कल, परसों, अगले हफ्ते या अपनी सुविधा के अनुसार किसी दिन मिलने का समय दे सकता है।

सेल्स इंटरव्यू के लिए प्रयास करते हुए कुछ बातों से बचना चाहिए। किसी भी कंपनी के ह्यूमन रिसोर्स डिपार्टमेंट को फोन कर यह नहीं पूछना चाहिए कि सेल्स विभाग में कोई पद खाली है। क्यों? द्वार के प्रहरी कभी उत्पाद नहीं खरीदते। अकारण ही अपना बायोडाटा मत भेजें। इस तरह आपको वांछित परिणाम नहीं मिलेगा। खरीदारी व्यक्ति के आधार पर होती है, बायोडाटा के आधार पर नहीं होती।

इस बात का कैसे पता लगाया जा सकता है कि सेल्स विभाग में कोई पद खाली है? ज्यादातर सेल्स मैनेजर के पास हमेशा पद उपलब्ध होता है। कई बार तुरंत मौका मिलता है तो कई बार भविष्य में संभावना बनी रहती है। कई वजहों से सेल्समैन की नियुक्तियाँ होती रहती हैं। कुछ सेल्समैन इस्तीफा देकर चले जाते हैं तब नई नियुक्तियाँ आवश्यक हो जाती हैं। व्यावसायिक योजना में बदलाव के साथ नए सेल्समैनों की आवश्यकता होती है। कई बार मौजूदा सेल्समैन के असंतोषजनक प्रदर्शन को देखते हुए नए सेल्समैन को नियुक्त करने की आवश्यकता होती है। हमेशा प्रभावशाली तरीके से इंटरव्यू का सामना करें। इस तरह अवसर का दरवाजा अपने आप खुल जाएगा।

इंटरव्यू का वांछित परिणाम कैसे हासिल करें

इंटरव्यू के लिए तीन बातें खासतौर पर अहमियत रखती हैं—

- पहली मुलाकात का गहरा प्रभाव पड़ता है।
- सुनना और सीखना आवश्यक होता है।

• इंटरव्यू और अपने लक्ष्य पर ध्यान केंद्रित करना आवश्यक होता है।

इस तरह के ज्यादातर इंटरव्यू 5 से लेकर 10 मिनट के भीतर संपन्न हो जाते हैं। क्यों? पहली मुलाकात का प्रभाव पैदा होने में ज्यादा वक्त नहीं लगता। नियुक्ति को लेकर निर्णय लेने के लिए कुछ और मुलाकातों की आवश्यकता हो सकती है, लेकिन ज्यादातर सेल्स मैनेजर तेजी से यह निर्णय ले सकते हैं कि आपको नियुक्त करना उनके लिए सुविधाजनक हो सकता है या नहीं। प्रत्येक सेल्स मैनेजर अपने आपसे यह सवाल पूछ सकता है—'क्या मुझे इस आदमी को रखना चाहिए?'

पहली मुलाकात को प्रभावशाली बनाने के लिए आपको सुनिश्चित कर लेना चाहिए कि आपने मर्यादित पोशाक पहनी है या नहीं। किसी अनुशासित वित्तीय संस्थान में इंटरव्यू देते समय ढीले-ढाले घरेलू कपड़े पहनकर मत पहुँच जाइए। अगर ड्रेस कोड के बारे में आप अनभिज्ञ हैं तो किसी मित्र की सलाह ले लीजिए या लंच के अवकाश के समय संस्थान के परिसर का दौरा कर कर्मचारियों की पोशाक को देख लीजिए। जब असमंजस की स्थिति हो तो अच्छी तरह सज-सँवरकर जाइए। चमकती आँखें, ऊर्जा और सकारात्मक रवैया अपनाकर इंटरव्यू के दौरान वांछित परिणाम हासिल किया जा सकता है। कोई भी इंटरव्यू लेनेवाला व्यक्ति अपने सामने थके-हारे, मैले वस्त्रवाले प्रत्याशी को देखना पसंद नहीं करेगा। अपने व्यक्तित्व की छाप इंटरव्यूकर्ता के मन में डालें। इंटरव्यू के दौरान आपको अपने व्यक्तित्व के सर्वश्रेष्ठ पहलू का प्रदर्शन करना चाहिए।

इंटरव्यू एक ऐसा अवसर होता है जब आप संबंधित कंपनी के बारे में बहुत कुछ जान सकते हैं।

जब आप इंटरव्यूकर्ता की बातों को ध्यान से सुनते हैं, स्पष्ट प्रश्न पूछते हैं और यथासंभव सूचनाओं को ग्रहण करते हैं तो आपके नियोक्ता के मन पर सकारात्मक प्रभाव पड़ता है। वह इस नतीजे पर पहुँचता है कि विक्रय के क्षेत्र में भी आप इन खूबियों का प्रदर्शन कर सकते हैं। अगर आप वार्त्तालाप के दौरान सिर्फ अपनी बातें ही कहते रहेंगे तो आपका नकारात्मक प्रभाव पड़ सकता है। जब आप सोच-समझकर बुद्धिमानों की तरह सवाल पूछेंगे तो आपके व्यक्तित्व का अच्छा प्रभाव पड़ेगा। अगर आप महत्त्वहीन और विषय से अलग सवाल पूछना शुरू करेंगे तो इंटरव्यूकर्ता की दिलचस्पी घटती जाएगी।

एक इंटरव्यू के दौरान उम्मीदवार का पहला सवाल था—"क्या आप अपने सेल्समैन को अकसर नौकरी से निकाल देते हैं?" फिर उसका दूसरा सवाल था,

''क्या आप वादे के मुताबिक कमीशन का भुगतान करते हैं?'' उम्मीदवार का नकारात्मक प्रभाव इंटरव्यूकर्ता के ऊपर पड़ना स्वाभाविक था, जो सोच रहा था, ''मैंने तुम्हें काम पर रखा भी नहीं और तुमने नाकाम होने का संकेत दे दिया।'' नकारात्मक सवालों का विपरीत प्रभाव पड़ सकता है। इंटरव्यू के लिए सटीक उद्देश्य निर्धारित करते समय लक्ष्य—क्रियान्वयन—परिणामवाले सिद्धांत का पालन करना चाहिए। आपका लक्ष्य होना चाहिए कि सेल्स मैनेजर के साथ आप सौहार्दपूर्ण रिश्ता बनाएँगे, व्यापार की बारीकियों के बारे में पता लगाएँगे, अपनी दक्षता के बारे में स्पष्ट शब्दों में बताएँगे और इस तरह दूसरी बैठक के लिए आपको आमंत्रित किया जाएगा।

अपना ध्यान इंटरव्यू पर केंद्रित रखें। अगर आप अस्थिर नजर आएँगे या तैयारी के बगैर ही आप इंटरव्यू में शामिल होंगे तो आपके लिए जीत हासिल करना संभव नहीं होगा। इंटरव्यू के दौरान अगर आप बीच-बीच में मोबाइल फोन पर बात करेंगे तो इंटरव्यूकर्ता के मन में आपके प्रति झुँझलाहट का भाव पैदा हो सकता है। वह इस नतीजे पर पहुँच सकता है कि ग्राहकों के साथ मुलाकात के दौरान भी आप इसी तरह का बर्ताव कर सकते हैं।

इंटरव्यू का उद्देश्य व्यक्तिगत संबंध का निर्माण होना चाहिए। आपका लक्ष्य होता है कार्य हासिल करना, जो पारस्परिक रूप से व्यावसायिक आदान-प्रदान का ही एक रूप हो सकता है। जो इंटरव्यू लेते हैं वे उम्मीदवार को मित्र बनाना नहीं चाहते, बल्कि वे यह सुनिश्चित करना चाहते हैं कि आप सेलिंग टीम के सदस्य के रूप में ठीक से काम कर सकते हैं या नहीं।

जॉब कैसे हासिल करें

आप लोगों को वही चीज बेचते हैं जिसकी उन्हें जरूरत और इच्छा होती है। सेल्स मैनेजर को ऐसे व्यक्तियों की जरूरत होती है जो वांछित परिणाम हासिल कर सकें। अपने संभावित नियोक्ता को यकीन दिलाएँ कि आप इस वास्तविकता को अच्छी तरह समझते हैं और अपने आपको कामयाब बनाने के लिए आप पूरी मेहनत करने के लिए तैयार हैं और किसी भी तरह की चुनौती आपको संकल्प से डिगा नहीं सकती। वांछित परिणाम हासिल करने के लिए आप निम्नलिखित संदेश नियोक्ता तक पहुँचा सकते हैं—

- मैं कंपनी के लिए बिक्री करने का अवसर चाहता हूँ।
- मैं सेल्स को अपने कैरियर प्लान का एक हिस्सा मानता हूँ।

- मुझ में जो अनुभव की कमी है उसकी भरपाई मैं समर्पण और कठोर मेहनत के जरिए कर सकता हूँ।
- सीखना और आत्मविकास करना मेरे लिए महत्त्वपूर्ण है।
- मैं जवाबदेह बनना चाहता हूँ और उम्दा प्रदर्शन करने पर श्रेय का हकदार बनना चाहता हूँ।

जब यह अनिवार्य सवाल 'अपने बारे में बताइए' पूछा जाता है तो ज्यादातर उम्मीदवार अपनी जीवनी या अपने शौक के बारे में बताना शुरू कर देते हैं। यह सब ठीक है, लेकिन आपको सेल्स के लिए उपयोगी गुणों पर विशेष रूप से रोशनी डालने की कोशिश करनी चाहिए। उदाहरण के तौर पर आप कह सकते हैं, 'मैं जानता हूँ सेल्स के क्षेत्र में कामयाब होने के लिए ऊर्जावान होना कितना महत्त्वपूर्ण है। अपने ग्राहक के लिए ऊर्जावान होकर काम करने की मेरी प्रतिबद्धता मुझे सफल बना सकती है। मैं श्रेष्ठ प्रदर्शन करने के लक्ष्य को सामने रखकर काम करना चाहता हूँ। श्रेष्ठ प्रदर्शन करने के लिए मैं हर तरह की तकलीफ उठाने के लिए तैयार हूँ।'

हर सेल्स मैनेजर जानता है कि व्यापार का मतलब जोखिम उठाना होता है। नए सेल्समैन को नियुक्त करने का निर्णय सोच-समझकर लिया जाता है। सकारात्मक संदेश देकर आप सेल्स मैनेजर को प्रभावित कर सकते हैं।

क्या मुझे अपने पद के लिए शर्तों की चर्चा करनी चाहिए?

इस संबंध में दो तरह की मान्यताएँ प्रचलित हैं—एक मान्यता के अनुसार आपको अपनी सौदेबाजी की योग्यता के प्रयोग के जरिए सेल्स मैनेजर को प्रभावित करना चाहिए, इस तरह संभावित ग्राहक के साथ आपके बर्ताव का अनुमान लगाया जा सकेगा। दूसरी मान्यता के अनुसार स्तरीय सेल्स भुगतान पैकेज को स्वीकार कर लेना चाहिए और जल्द-से-जल्द कार्य शुरू कर देना चाहिए।

अनुभवी पेशेवर सेल्समैन को सेवा शर्तों पर खुलकर बात करनी चाहिए। नए सेल्समैन छोटी-छोटी रियायतों की माँग कर सकते हैं, जिनमें से कुछ माँगें स्वीकार हो सकती हैं, कुछ बेहतर नतीजे के आधार पर बाद में स्वीकार की जा सकती हैं। जो भी रियायतें मिलेंगी वे विक्रय के नतीजों पर ही आधारित होंगी। आपकी पहली प्राथमिकता कार्य को हासिल करना है। जो अनुभवी नहीं होते उनकी माँगों को लालच के साथ जोड़कर देखा जा सकता है और वे गलत मुद्दों पर केंद्रित हो सकते हैं।

उदाहरण के तौर पर ऐसे उम्मीदवार का उल्लेख किया जा सकता है जो मानक वेतनमान और कमीशन के प्रस्ताव को स्वीकार करने की जगह निश्चित वेतनमान की माँग पर अड़ा रहा और उसे नौकरी का सुनहरा अवसर गँवाना पड़ा, चूँकि कंपनी ऐसे सेल्समैन को रखना चाहती थी जिन्हें प्रदर्शन के आधार पर भुगतान किया जा सके। कंपनी का सिद्धांत था कि बेहतर प्रदर्शन करने पर ही बेहतर वेतनमान मिल सकता है। जवाबदेह नहीं होनेवाले सेल्समैन को कंपनी अपने लिए उपयोगी नहीं मानती थी।

क्या मुझे नौकरी के प्रथम प्रस्ताव को स्वीकार कर लेना चाहिए?

जैसे ही आपको सेल्स से संबंधित पद का प्रस्ताव मिलता है, आपको निर्णय लेना होता है कि क्या इस अवसर को स्वीकार कर लेना चाहिए। नौकरी के प्रथम प्रस्ताव को पाकर भावुक बनने की जरूरत नहीं है। 'बेरोजगार होने से बेहतर है कोई भी रोजगार स्वीकार कर लेना'—इस तरह की मानसिकता को भूल जाइए और अपने उद्देश्य की कसौटी पर नौकरी के प्रस्ताव का परीक्षण कीजिए। जिस सेल्स मैनेजर के नेतृत्व में आप काम करेंगे क्या वह आपकी सफलता के प्रति प्रतिबद्ध रहेगा या जिस कंपनी के लिए आप काम करेंगे, उसकी पृष्ठभूमि मजबूत है या नहीं—इन सवालों का संतोषजनक समाधान ढूँढ़ लेना आवश्यक है। इस चरण में भी आपको पड़ताल करने और होमवर्क करने की जरूरत होगी।

जिस मैनेजर के नेतृत्व में आप काम करेंगे उसका गहरा प्रभाव आपकी सीखने की क्षमता और आपके प्रदर्शन पर पड़ेगा। क्या वह आपके लिए मददगार साबित होगा या उसका रवैया आपके प्रति उपेक्षापूर्ण रहेगा? इस तरह के सवाल पूछें—

- मेरा कामयाब होना आपके लिए कितना महत्त्व रखता है?
- लक्ष्य तक पहुँचने में आप मेरी कितनी सहायता कर सकते हैं?
- अपने पिछले सेल्समैन के बारे में बताएँ।
- क्या मैं नए सेल्समैन से बातचीत कर सकता हूँ?

जो सेल्स मैनेजर इस तरह के सवालों को सुनकर खुश होते हैं और इन पर चर्चा करते हुए हिचकते नहीं, वे सही मायने में विजेता होते हैं, जो इन सवालों को सुनकर नाराज हो उठते हैं या टालने की कोशिश करते हैं, वे कभी सच्चे मार्गदर्शक नहीं बन सकते। ऐसे सेल्स मैनेजर के साथ काम करें जिसे अपने

मार्गदर्शन में सफल हुए सेल्समैन पर गर्व महसूस होता हो। जो सेल्स मैनेजर आत्मकेंद्रित हों, सिर्फ अपने बारे में सोचते हों और जो कंपनी में प्रतिभा को प्रोत्साहित करने में दिलचस्पी नहीं लेते हों, उनसे दूर ही रहें।

मैं अपने पद पर कैसे बना रह सकता हूँ?

अकसर कई सेल्समैन कहते सुने जा सकते हैं कि निर्धारित विक्रय लक्ष्य तक पहुँचना किस कदर कठिन होता है। सेल्स के क्षेत्र में नौकरी हासिल कर लेने से अधिक कठिन नौकरी को सुरक्षित बनाए रखना होता है। सेल्स मैनेजर और व्यापार के संचालकों को कंपनी का वजूद कायम रखने के लिए निरंतर मुनाफे की जरूरत होती है। जो सेल्समैन मुनाफा कमाने में सफल होते हैं, उन्हें उचित भुगतान भी मिलता है, जो मुनाफा जुटाने में नाकाम होते हैं उन्हें नौकरी गँवानी पड़ती है। कई कंपनियों में नौकरी मिलने और फिर नौकरी से हटाने की अवधि संक्षिप्त नजर आती है। आज आपने क्या बेचा? यह एक वास्तविक सवाल है जिस पर सेल्समैन का वजूद टिका होता है। आपको सेल्स विभाग में पद दिया गया क्योंकि आप पर भरोसा किया गया कि आप विक्रय के क्षेत्र में महत्त्वपूर्ण योगदान करेंगे। अब यह आपकी जिम्मेदारी बन जाती है कि कंपनी की अपेक्षाओं के साथ-साथ अपनी अपेक्षाओं के अनुरूप प्रदर्शन करें।

सेल्स का मूल मंत्र है कि निश्चित परिणाम हासिल किया जाए।

निश्चित परिणाम आपके प्रदर्शन का रिपोर्ट कार्ड होता है।

□

आरंभिक सेल्स कैरियर में सफलता के सूत्र

1. मुझे नौकरी मिल गई!

रोजगार का प्रस्ताव महज प्रतिस्पर्धा में शामिल होने का निमंत्रण होता है। नए सेल्समैन के लिए स्वाभाविक होता है कि वह प्रस्ताव को ही सेल्स के क्षेत्र में कामयाब होने की गारंटी मान ले। आप नौकरी के प्रस्ताव के लिए अपने आपको बधाई दे सकते हैं। मगर एक बात याद रखें। 'अब आपकी असली परीक्षा शुरू होगी।' जितनी तेजी से आप अपना नया काम शुरू करेंगे, उतनी ही जल्दी आप अपनी योग्यता का उपयोग करते हुए वांछित नतीजे हासिल कर पाएँगे। आपका सेल्स मैनेजर इस बात पर नजर रखेगा कि कितनी तेजी से आप काम शुरू कर सकते हैं।

2. कोई गलती नहीं होनी चाहिए!

सभी मानकर चलते हैं कि नए सेल्समैन से गलतियाँ हो सकती हैं। वे यह भी अपेक्षा रखते हैं कि आप गलतियों से सबक सीखें। सहायता की माँग करना और मार्गदर्शन की जरूरत को स्वीकार करना अच्छी बात है। सहायता लेने से इनकार करना, अपनी गलतियों को नजरअंदाज करना या अपनी गलतियों के लिए दूसरों को जवाबदेह ठहराना—विपरीत प्रभाव पैदा कर सकता है। हमेशा अपनी गलती को ईमानदारी के साथ स्वीकार करना चाहिए और भविष्य में वैसी गलती नहीं दोहराने का निश्चय करना चाहिए।

3. यह सचमुच आसान है !

आरंभिक कामयाबी किसी बात की गारंटी नहीं होती! कई बार शुरुआती कामयाबी ही नाकामयाबी की तरफ ले जा सकती है। क्यों? इसे एक उदाहरण से समझा जा सकता है।

राजीव एक प्रतिभाशाली और लोकप्रिय सेल्समैन था। वह अत्यंत ही मिलनसार और दूसरों को आसानी से प्रभावित करनेवाला नौजवान था। सेल्स में पहली तिमाही में उसने निर्धारित लक्ष्य से बढ़कर प्रदर्शन किया। सभी उसकी तारीफ कर रहे थे। दूसरी तिमाही में उसने और भी बेहतर प्रदर्शन किया। कंपनी के स्वामी ने सबके सामने उसकी तारीफ की और उसके उज्ज्वल भविष्य की संभावना व्यक्त की। इसके बाद तीन साल गुजर जाने पर एक होटल के प्रवेशद्वार पर राजीव की मुलाकात एक पूर्व परिचित से हुई। राजीव ने बताया कि वह अब सेल्स के क्षेत्र में नहीं रह गया था। उसे कैरियर के 18 महीने बाद ही हटा दिया गया था। "उन्होंने मुझे निकाल दिया और उनका तर्क सही भी था। जब आरंभ में ही मुझे तेजी से सफलताएँ मिलने लगीं तो मेरी एकाग्रता भंग हो गई। मैं अकसर छुट्टियाँ लेने लगा। मैं कार्य के प्रति लापरवाह होता गया। कोई-न-कोई बहाना बनाकर मैं मौज-मस्ती में मशगूल रहने लगा। मेरा कमीशन घटता गया और इस तरह मेरा कैरियर ही चौपट हो गया।"

जब आपके लिए सफलताएँ और उपलब्धियाँ सेल्स के कार्य की तुलना में अधिक महत्त्वपूर्ण हो जाए तब आपका पतन शुरू हो जाता है, चूँकि सेल्स के जरिए ही आप उपलब्धियाँ हासिल करते हैं।

4. यह मेरा आखिरी कार्य नहीं है !

हाँ, यह सच है, मगर यह एक ऐसा दायित्व है जिसे आपको सफलतापूर्वक पूरा करना है। प्रबंधन के क्षेत्र के संभावित उम्मीदवारों को कसौटी पर परखने के लिए अकसर सेल्स के क्षेत्र में कार्य करने के लिए कहा जाता है। कभी-कभी कंपनी में आपके लिए सेल्स विभाग में ही कार्य करने का अवसर मौजूद रहता है। लेकिन अगले दायित्व की तरफ ध्यान केंद्रित करते हुए मौजूदा दायित्व की उपेक्षा करना बड़ी गलती हो सकती है।

असफल सेल्समैन की पदोन्नति मार्केटिंग या प्रबंधन के अहम विभागों में नहीं की जाती।

5. यह इतनी अहमियत नहीं रखता!

"मैं चाहता हूँ कि जल्द ही मुझे बेहतर सेल्स जॉब मिल जाए।" इस कथन में अस्वाभाविक कुछ भी नहीं है। लेकिन कथन का दूसरा हिस्सा सामने आने पर अवरोध स्पष्ट नजर आता है—"चूँकि मैं दूसरे जॉब की तलाश में हूँ, इसीलिए मौजूदा जॉब में मैं अपनी सर्वश्रेष्ठ क्षमता का इस्तेमाल नहीं करना चाहता।" अपनी क्षमता का सदुपयोग नहीं करने से अनुभव का विस्तार नहीं हो पाता, और बाद में इस गलती का खामियाजा भुगतना पड़ सकता है। अतीत की नाकामी किसी बेहतर पद को हासिल करने की कोशिश करते समय रुकावट बन सकती है। सेल्स मैनेजर असफलता का अर्थ समझ सकते हैं, मगर जब उन्हें पता चलता है कि उम्मीदवार 'अधिक मेहनत नहीं करता,' तो उनके ऊपर नकारात्मक प्रभाव पड़ता है। जो भी सेल्स जॉब हो, उसे लगन और मेहनत से पूरा करने का संकल्प लें।

और भी दूसरे अवरोध हो सकते हैं जिनकी वजह से कैरियर के आरंभ में नाकामी का सामना करना पड़ सकता है। कई बार निजी जिदंगी की परेशानियों से जूझते रहने के कारण नाकामी का सामना करना पड़ सकता है। जब आपकी निजी जिदंगी में उथल-पुथल मची हो तब सेल्स के कार्यों की तरफ ध्यान केंद्रित रख पाना अत्यंत कठिन होता है। कई बार ऐसे ही कारणों से कई योग्य सेल्समैन सफल नहीं हो पाते। अवरोध के चलते मिलनेवाली नाकामी को स्वीकार कर पाना आसान नहीं होता।

सेल्स के क्षेत्र में असफल रहने पर मैं क्या करूँगा?

जिस तरह जीवन के सफर में हमें कई बार ठोकरें खाकर सँभलना पड़ता है, ठीक उसी तरह सेल्स के क्षेत्र में भी असफलता का सामना करते हुए नए सिरे से शुरुआत करनी पड़ती है। अगर आप सौभाग्यशाली हैं या असाधारण रूप से प्रतिभाशाली हैं तो भले ही निरंतर कामयाब रहें, मगर ज्यादातर मामलों में नाकामी का स्वाद चखना ही पड़ता है। कई बार सेल्स कैरियर के आरंभ में नाकामी मिलती

है तो कई बार कैरियर के मध्य में। नाकामी एक बार मिल सकती है या कई बार मिल सकती है। आपने सफल और मशहूर उद्योगपतियों की जीवनियाँ पढ़ी होंगी, जिन्हें बार-बार अपने प्रयासों में नाकामी का सामना करना पड़ा और अपने अनुभवों से सीख लेते हुए उन्होंने कामयाबी की नई इबारत लिख डाली।

नाकामी तकलीफदेह होती है मगर यह हमें सबक भी सिखाती है। यह आपके ऊपर निर्भर करता है कि नाकामी के अनुभव से सीख लेते हुए नए सिरे से प्रयत्न करें या नाकामी के बोझ तले दबकर प्रयत्न करना छोड़ दें। जब आप अपने व्यक्तित्व के प्रतिकूल सेल्स दायित्व को स्वीकार करते हैं तब असफलता की गुँजाइश ज्यादा रहती है।

जब भी आपको इस तरह की नाकामी का सामना करना पड़े तो अपने आपसे निम्नलिखित सवाल पूछें—

- इस कार्य को मैं अलग तरीके से कैसे कर सकता था?
- मुझे खतरे का क्या संकेत मिला था और उस समय मुझे क्या करना चाहिए था?
- क्या मैंने विक्रय के मामले में गलतियाँ कीं?
- भविष्य में मैं इस तरह की गलतियाँ करने से कैसे बच सकता हूँ?
- इस अनुभव से मैं क्या सबक सीख सकता हूँ? अगली बार कामयाब होने के लिए मैं इस अनुभव का किस तरह इस्तेमाल कर सकता हूँ?

□

श्रेष्ठ सेल्समैन के लिए दस योग्यताएँ

जब आपको सेल्स के क्षेत्र में कार्य मिल जाता है और इस पेशे में नौसिखिया होने की चुनौती कम होने लगती है, तब आपके मन में कई महत्त्वपूर्ण सवाल उभरने लगते हैं। इससे कोई फर्क नहीं पड़ता कि आप सक्रिय होकर सेल्स के क्षेत्र के अवसरों की पहचान कर रहे हैं या मजबूरी में उत्पाद या सेवाओं की बिक्री कर रहे हैं।

अंततः आप अपने आप से पूछेंगे—"क्या मुझे सेल्स के क्षेत्र में काम करते हुए आनंद आ रहा है? क्या यह मेरे कैरियर प्लान के अनुरूप है? क्या सेल्समैन के रूप में काम करते हुए मैं मौजूदा और भविष्य के अपने आर्थिक लक्ष्यों को हासिल कर सकता हूँ? क्या वास्तव में मैं यही काम करना चाहता था?"

अगर आप सकारात्मक निष्कर्ष पर पहुँचते हैं तो इसका अर्थ है कि सफलता की दिशा में आप ठोस कदम बढ़ा रहे हैं। इसके बाद जो सवाल आप खुद से पूछेंगे वह आसान सा होगा—'मैं अपने क्षेत्र में श्रेष्ठ प्रदर्शन कैसे कर सकता हूँ?'

अगर आप सेल्स के प्रति आकर्षित और समर्पित होंगे तो आप श्रेष्ठ प्रदर्शन करने के लिए भी बेताब होंगे।

श्रेष्ठ प्रदर्शनकर्ता

निर्धारित लक्ष्य को पूरा करते हैं और उससे भी अधिक कार्य करते हैं।	पूरी टीम को गतिवान बनाते हैं।	योजनाओं को निरंतर क्रियान्वित करते हैं।

आप जल्द ही समझ जाएँगे कि श्रेष्ठ प्रदर्शक बनने से कितने स्तर पर आप लाभान्वित हो सकते हैं। जो लोग सेल्स के क्षेत्र में सफल होते हैं उन्हें आर्थिक सुरक्षा, प्रदर्शन के आधार पर पारितोषिक, प्रतिष्ठा और सराहना जैसे लाभ मिलते हैं। और सबसे बढ़कर आपकी यह संतुष्टि होती है कि आप अपने ग्राहकों और अपनी कंपनी की सेवा अलग अंदाज में कर रहे हैं। किसी भी व्यापार के लिए श्रेष्ठ प्रदर्शन करनेवाले सेल्समैन अनमोल मोती के समान होते हैं। उनकी कार्यशैली और अनुभव का गहरा प्रभाव उनके व्यावसायिक प्रतिष्ठान पर पड़ता है। अकसर प्रबंधन में महत्त्वपूर्ण दायित्व प्राप्त करने या किसी सफल व्यापार का सूत्रपात करने का मार्ग श्रेष्ठ सेल्समैन बनने से प्रशस्त होता है।

दूसरी तरफ एक औसत या असफल सेल्समैन बनने के नकारात्मक परिणाम ही सामने आते हैं। जो औसत सेल्समैन होते हैं वे हमेशा परेशानियों से घिरे रहते हैं और उन्हें अत्यंत तनाव की स्थिति से होकर गुजरना पड़ता है। ज्यादातर तनाव ऐसे होते हैं जो वे अपने आप पैदा कर लेते हैं। जब आप इस बात को लेकर निश्चित नहीं होते कि जिस संगठन में आप काम कर रहे हैं वह आपको स्वीकार करेगा या नहीं तो आप तनाव से घिर जाते हैं। ऐसे सेल्समैन इस प्रतिस्पर्धी पेशे में अपने वजूद को बचाए रखने के लिए संघर्ष करते हैं, जहाँ परिणाम को सबसे ज्यादा अहमियत दी जाती है। जो सेल्समैन ठीक से प्रदर्शन नहीं करते उन्हें रोजगार की सुरक्षा नहीं मिलती।

इस तथ्य को ज्यादातर लोग समझते हैं कि छोटे या बड़े प्रत्येक व्यवसाय में सभी कर्मचारियों को पता होता है कि कौन सा सेल्समैन नए ऑर्डर ला रहा है और सभी के लिए रोजगार की सुरक्षा सुनिश्चित कर रहा है। वह यह भी जानते हैं कि जो सेल्समैन अपेक्षित नतीजा हासिल करने में नाकाम हो रहे हैं वे कंपनी के हितों को नुकसान पहुँचाने का काम कर रहे हैं। ऐसी स्थिति में सेल्समैन पर बेहतर प्रदर्शन करने का दबाव बना रहता है।

जब आप सेल्स के क्षेत्र के प्रति समर्पित हो जाते हैं तब आप आसानी से

समझने लगते हैं कि श्रेष्ठ प्रदर्शन करना आपके लिए मुमकिन हो सकता है और ऐसा करना आपके लिए आवश्यक भी है। आप अपने इर्द-गिर्द ऐसे कई श्रेष्ठ प्रदर्शनकर्ता को देखेंगे जिन्होंने पहले संघर्ष किया और बाद में सफलता हासिल की। ऐसे सफल लोगों को देखकर आपको यकीन हो सकता है कि आप भी श्रेष्ठ प्रदर्शन कर सकते हैं। आसान सा सूत्र यही है कि अगर आप सेल्स के क्षेत्र में सफल होना चाहते हैं और सफलता के उपायों को सीखना चाहते हैं तो आप अपने उद्देश्य को हासिल कर सकते हैं।

श्रेष्ठ सेल्समैन की दस निजी योग्यताओं को सीखकर आप भी श्रेष्ठ प्रदर्शनकर्ता बन सकते हैं। योग्ताएँ हैं—

1. तीव्र ऊर्जा
2. एकाग्रता
3. निर्भीकता
4. तत्काल निर्णय और निरंतरता
5. सकारात्मक रवैया
6. कुशल वक्ता के गुण
7. ज्ञान की प्यास
8. सक्षमता
9. नेतृत्वकर्ता
10. संतुलन

1. तीव्र ऊर्जा

विक्रय की कला का केंद्रीय बिंदु है लक्ष्य-निर्धारण—क्रियान्वयन—परिणाम प्राप्त करना। यह प्रक्रिया सतत जारी रहनी चाहिए।
विक्रय क्रियान्वयन पर आधारित होता है।
क्रियान्वयन से परिणाम सामने आता है।
परिणाम से नए लक्ष्य और नए क्रियान्वयन सामने आते हैं।
क्रियान्वयन के लिए ऊर्जा की आवश्यकता होती है।

जब आप सेल्स के क्षेत्र में सफल पेशेवर लोगों को कार्य करते हुए देखेंगे तो पाएँगे कि वे जीवन और अपने चुने गए कैरियर में किस तरह अनोखे ढंग से ऊर्जावान बने रहते हैं। ऐसा क्यों होता है? विक्रय करना

मेहनत का काम है। एक ऐसे परिवेश में सफल होने के लिए उच्च ऊर्जा की आवश्यकता होती है जहाँ कठोर मेहनत जरूरी हो। ऐसा नहीं है कि दूसरे कार्य क्षेत्रों में पेशेवर लोगों को सफल होने के लिए ऊर्जा की जरूरत नहीं होती, मगर इतना तो निश्चित ही है कठोर मेहनत के जरिए ही सेल्स के क्षेत्र में शिखर तक पहुँचा जा सकता है।

जब सेल्समैन की नियुक्ति की जाती है तब नियोक्ता आश्वस्त होते हैं कि अधिक ऊर्जावान सेल्समैन सेल्स दायित्वों को अधिक कुशलतापूर्वक निभा सकते हैं। जो उम्मीदवार ऊर्जाविहीन होते हैं, उन्हें नियोक्ता सेल्स टीम का हिस्सा नहीं बनाना चाहते। कुछ लोग जन्मजात ऊर्जावान होते हैं, जो प्रत्येक कार्य को जोश के साथ पूरा करते हैं। इस तरह के लोग सेल्स के क्षेत्र में कामयाबी हासिल करते हैं। कुछ लोगों में बचपन से ही ऊर्जा की कमी होती है, मगर ऐसे लोग सतत प्रयास करते हुए अपने आपको ऊर्जावान बना सकते हैं।

उच्च ऊर्जा से संपन्न होने का अर्थ यह नहीं है कि आप सेल्स के क्षेत्र में निश्चित रूप से सफल हो जाएँगे, लेकिन यह ऐसी खूबी है जो सफलता के लिए बुनियाद का काम करती है।

उच्च ऊर्जा क्यों आवश्यक है—

- क्योंकि यह विक्रय की कला के लिए कच्चे माल का काम करती है।
- इसके जरिए आप दबाव की स्थिति का अच्छी तरह सामना कर सकते हैं।
- संभावित ग्राहक प्रभावित होता है और सकारात्मक प्रतिक्रिया जाहिर करता है।

प्रतिक्रियाएँ इस तरह की हो सकती हैं—

"मैं नहीं जानता कि आपके पास सर्वश्रेष्ठ उत्पाद है या आप सबसे शानदार कंपनी की तरफ से आए हैं, लेकिन इस ऑर्डर को हासिल करने के लिए जितनी मेहनत आपने की है, उतनी ही मेहनत बाद में भी करते रहेंगे तो हमें प्रसन्नता होगी।"

"आप हमेशा हमें महत्त्वपूर्ण होने का अहसास करवाते हैं, और आप कभी भी हमारे लिए उपलब्ध हो जाते हैं।"

"आपने कभी भी हमारे अनुरोध को नजरअंदाज नहीं किया। आँधी-

तूफान आ जाने पर भी आप हमारे संपर्क में रहे।''

''जब आप लगन और ऊर्जा के साथ अपने उत्पाद के बारे में बताते हैं तो हम प्रभावित हुए बिना नहीं रह सकते।''

इस तरह की प्रतिक्रियाएँ श्रेष्ठ सेल्समैन की जीत होती है।

- व्यक्ति ही व्यक्ति से खरीदता है, खासतौर से ऐसे व्यक्ति से खरीदता है जो ऊर्जा का परिचय देकर दूसरों से व्यापार और धन हासिल करने में सक्षम हो।
- बिक्री के बाद सेवा का आश्वासन जरूरी होता है, आपकी ऊर्जा और उत्साह को देखकर खरीदार इस नतीजे पर पहुँचता है कि भविष्य में भी आप इसी तरह तत्परता के साथ किसी भी तरह की शिकायत पर ध्यान देंगे।

अधिकतर लोग ऐसे सेल्समैन से कोई उत्पाद खरीदते हैं जो ऊर्जावान और उत्साही होते हैं, ऊर्जा के सामने व्यक्तित्व के कई दोष छिप जाते हैं। निस्तेज और ऊर्जाहीन सेल्समैन के व्यवहार से ग्राहक प्रभावित नहीं होते। ऊर्जा तुरंत फैलनेवाली और शक्तिशाली होती है।

आप अपनी ऊर्जा का स्तर किस तरह बढ़ा सकते हैं—

- यह चुनौती शारीरिक और मानसिक दोनों तरह की होती है। अपने अनुकूल व्यायाम और भोजन की रूपरेखा तैयार करें। आप जितने चुस्त-दुरुस्त और स्वस्थ रहेंगे, आपके भीतर ऊर्जा का स्तर भी उतना ही ज्यादा होगा।
- संकल्प लें कि चरणबद्ध तरीके से आप व्यक्तिगत ऊर्जा के उच्चतम स्तर तक अवश्य पहुँचेंगे। इसके बाद प्रयास करना शुरू कर दें।
- मानसिक रूप से इस तरह की तैयारी कर लें, ''मैं जब अपने ग्राहक के साथ बात करूँगा उस समय उसकी कसौटी पर उसकी अपेक्षाओं से भी अधिक खरा साबित होने की कोशिश करूँगा, चाहे कितना ही कठिन कार्य या चुनौती क्यों न हो, मुझे हमेशा सर्वश्रेष्ठ प्रदर्शन करना होगा।''

बीच-बीच में अपनी ऊर्जा के स्तर की जाँच करते रहें। जब आपको उत्साहहीनता का अनुभव होने लगे तो स्वयं को ऊर्जावान बनाने की कोशिश करें। औसत सेल्समैन उच्च ऊर्जा का इस्तेमाल नहीं कर पाते और यही वजह है कि वे फिसड्डी साबित होते हैं। दूसरी तरफ श्रेष्ठ

सेल्समैन उच्च ऊर्जा का इस्तेमाल कर सफलता हासिल करते हैं। विक्रय का अर्थ है कदम उठाना। कदम उठाने के लिए ऊर्जा की आवश्यकता होती है। ग्राहक ऊर्जा के प्रति सकारात्मक रूप से प्रतिक्रिया व्यक्त करते हैं।

2. एकाग्रता

सेल्स के क्षेत्र में आनेवाले कई लोगों को खुशफहमी होती है कि महज इस क्षेत्र में कैरियर चुन लेने से ही उन्हें सफलता मिल जाएगी। सही कंपनी में, सही उत्पाद के साथ, सही समय पर काम करने से सफलता पा लेना आसान भी हो सकता है। मगर वास्तविकता इससे विपरीत ही होती है। सेल्स के पेशे में आनेवाले काफी लोगों को असफल भी होना पड़ता है। कई बार नाकाम रहने पर सेल्समैन बिक्री के गुरों को ठीक से सीख पाता है या अपनी कमजोरियों का अंदाजा लगाकर किसी दूसरे पेशे में जाने का फैसला करता है।

सेल्स के क्षेत्र में सफल होना कठिन होता है।
श्रेष्ठ प्रदर्शनकर्ता बनना और भी कठिन होता है।
ऊँचाई पर बने रहने के लिए काफी मेहनत करने की जरूरत पड़ती है।

दूर से सेल्स का पेशा लुभावना लग सकता है। लोग कहते हैं—"सेल्समैन आराम की जिंदगी गुजारते हैं—उन्हें अच्छे पैसे मिलते हैं, वे नई-नई जगहों की यात्राएँ करते हैं, खुलकर खर्च करते हैं।" लेकिन हकीकत में यही बात नहीं होती। जो लोग सेल्स के क्षेत्र में कार्य कर रहे हैं, वे इस सच्चाई को अच्छी तरह समझ सकते हैं।
सफल होने की यात्रा सफलता के प्रति एकाग्र होने से आरंभ होती है। अपने आपको श्रेष्ठ समझना आपके लिए अत्यंत महत्त्वपूर्ण हो सकता है। कुछ लोगों के भीतर स्पर्धा में आगे निकलकर शीर्ष पर पहुँचने की सुलगती हुई इच्छा होती है। इस तरह की आग अगर मन में हो तो व्यक्ति की योग्यताओं और प्रतिभा में अप्रत्याशित वृद्धि होती है। अगर आप सफल होना चाहते हैं तो इसके लिए आपको प्रयास करना ही होगा। हाथ पर हाथ धरकर बैठे रहने और किस्मत बदलने की उम्मीद

करने से अकसर निराशा का ही सामना करना पड़ता है।

विक्रय एक '7 × 24 × 365' कार्य है।

जब इस बात का आपको ख्याल रहेगा तो हमेशा आप इस बात को याद रखेंगे। जो लोग 9 बजे से 5 बजे ही विक्रय दायित्व निभाना पसंद करते हैं, वे औसत किस्म का प्रदर्शन ही कर पाते हैं। लेकिन इसका अर्थ यह भी नहीं है कि व्यक्ति सबकुछ भूलकर विक्रय के दायित्वों में डूबकर रह जाए। आपको नौकरी और पेशे के अंतर को समझना होगा। सफलता के लिए आपको हमेशा अपने लक्ष्य के प्रति एकाग्र होकर कदम बढ़ाना होगा।

कुछ पाने के लिए कुछ खोना भी पड़ता है।

लंबी यात्राएँ करना, काफी दिनों तक घर-परिवार से दूर रहना सेल्स के क्षेत्र में कार्य करनेवालों के लिए आम बात हो सकती है। संभावित ग्राहकों के साथ वार्त्तालाप करने और अपने विक्रय दायित्वों को निभाने में आप इतने व्यस्त हो सकते हैं कि आपको निजी जिंदगी के लिए कम वक्त मिल सकता है, एक कहावत याद रखें—दुनिया में कोई भी चीज मुफ्त में नहीं मिल जाती। श्रेष्ठ प्रदर्शनकर्त्ता इस बात को अच्छी तरह समझते हैं कि त्याग करने से ही सफलता मिलती है। आप कुछ सूत्र अपनाकर इन त्यागों से जुड़ी पीड़ा को कम कर सकते हैं—अपने परिवार के सदस्यों और दोस्तों से कोई ऐसा वादा न करें जिसे निभा पाना आपके लिए नामुमकिन हो। जब भी आप निजी जीवन में कोई वादा करते हैं तो उसे जरूर निभाएँ।

एक सेल्समैन वर्ष भर यात्राएँ करता रहता था। गर्मी की छुट्टियों के समय वह अपने परिवार को भी यात्रा पर साथ लेकर जाता था। इस तरह परिवार के सभी सदस्यों को एक साथ घूमने का मौका मिल जाता था। परिवार के सदस्य देख लेते थे कि सेल्समैन का काम किस कदर चुनौतीपूर्ण था।

किसी भी कार्य में हमेशा सुधार की गुंजाइश रहती है।

आप चाहे कितने भी अधिक प्रतिभाशाली या सक्षम क्यों न हों, आप हमेशा अपने प्रदर्शन को और अधिक निखार सकते हैं। श्रेष्ठ प्रदर्शनकर्त्ता इस हकीकत को अच्छी तरह समझता है और अपने प्रदर्शन को निरंतर सुधारते हुए शीर्ष पर बना रहता है।

3. निर्भीकता

श्रेष्ठ प्रदर्शनकर्ता बनने की राह में नाकामी का डर बाधक बनता है। कुछ सूत्रों को अपनाकर सेल्समैन अपने भीतर निर्भीकता का विकास कर सकते हैं।

यह कथन गलत है कि बड़े सेल्समैन के मन में कोई डर नहीं होता। असल में जिस तरह नौसिखिया सेल्समैन डरता है उसी तरह श्रेष्ठ सेल्समैन के मन में भी डर बना रहता है। फर्क सिर्फ इतना है कि श्रेष्ठ सेल्समैन डर की पहचान करते हैं, उसे नियंत्रित करते हैं और उसका अपने उद्देश्य के लिए इस्तेमाल करते हैं। जैसे-जैसे वे सफल होते जाते हैं उनके अवचेतन मन में डर की सीमा सिमटती चली जाती है। डर हमेशा मौजूद रहता है, मगर श्रेष्ठ सेल्समैन अपने डर को काबू में रखने का गुर सीख जाते हैं।

डर से निपटने के पाँच विचार

1. मैं क्यों नहीं कर सकता?

एक कंपनी में सेल्समैन की नौकरी पानेवाले एक युवक को सेल्स की मीटिंग में भाग लेने के लिए कहा गया। मीटिंग में ज्यादातर सफल और अनुभवी सेल्स प्रोफेशनल मौजूद थे। युवक को लगा मानो कमरे में मौजूद सभी लोग उसे देखकर मन-ही-मन सवाल पूछ रहे हैं—'इस लड़के को क्यों नौकरी दी गई है और यह कितने दिनों तक टिक पाएगा?'

मैनेजर ने युवक को अपने पास बुलाया और कहा—'यहाँ मौजूद ज्यादातर लोग सर्वश्रेष्ठ प्रदर्शन कर रहे हैं, इनमें कुछ कामयाबी के शिखर की तरफ कदम बढ़ा रहे हैं और कुछ तो शिखर पर पहुँच भी चुके हैं। सर्वश्रेष्ठ लोगों से सीखो, अपने निर्णय पर भरोसा रखो और संकल्प करो कि तुम इस कमरे में मौजूद लोगों के मुकाबले सर्वश्रेष्ठ सेल्समैन जरूर बनोगे।'

युवक ने देखा कमरे में मौजूद तमाम लोगों में कोई असाधारण बात नजर नहीं आ रही थी। उनमें से कोई भी ग्यारह फुट लंबा नहीं था, उनमें से किसी ने परमाणु बम का आविष्कार नहीं किया था। वे सभी एक

सामान्य इंसान थे जो एक चुनौतीपूर्ण कार्यक्षेत्र में लगन और मेहनत से आगे बढ़ने की कोशिश कर रहे थे।

युवक ने सोचा—मैं भी बिक्री की कला और वार्त्तालाप की तकनीक सीख सकता हूँ, मैं भी कठोर मेहनत कर सकता हूँ, मैं भी अपने भीतर योग्यताओं का विकास कर सकता हूँ और मैं भी इन लोगों की तुलना में बेहतर प्रदर्शन कर सकता हूँ। किसी-न-किसी को तो सबसे बेहतर सेल्समैन बनना ही है। फिर मैं क्यों नहीं बन सकता?

2. कोशिश किए बगैर आप समझ नहीं पाएँगे।

मानव स्वभाव दिलचस्प होता है। हम लोग एक-दूसरे से भिन्न होते हैं, फिर भी हमारे बीच समानता होती है। एक चीज से ज्यादातर लोग डरते हैं, वह है अनजान का डर। जो चीज अनजानी होती है, वही जब सामने आती है और स्पष्ट होने लगती है तो उसके प्रति डर भी कम होता जाता है। समय गुजरने पर उसके प्रति किसी तरह का डर नहीं रह जाता। वह चीज आकर्षक और सुविधाजनक लगने लगती है। बहुत सारे लोग आप से कह सकते हैं—"शुरू में तो इससे डर लग रहा था, मगर जैसे ही मैंने अनुभव किया..." या "जैसा मैं डर रहा था, वैसी कोई बात नहीं थी।"

बेचने की कला सीखना या पहली बार ग्राहक का दरवाजा खटखटाना, एक महत्त्वपूर्ण प्रेजेंटेशन देना या किसी महत्त्वपूर्ण ऑर्डर के लिए वरिष्ठ अधिकारी से बात करना—ये सारे कार्य दूसरे अनुभवों से भिन्न नहीं हैं। डर को स्वीकार करें, डर को खारिज करें और ठोस कदम उठाएँ।

जब आप डर को नियंत्रित करने लगते हैं तो आपकी प्रगति और कामयाबी सुनिश्चित होने लगती है। ज्यादातर सेल्समैन को दुविधा की मनोदशा का सामना करना पड़ता है। इसके पीछे भी डर मौजूद रहता है। किसी को फोन करना, किसी का दरवाजा खटखटाना या किसी अजनबी व्यक्ति से अपने उत्पाद के बारे में बात करना आसान नहीं होता। कई सेल्समैन सोच-विचार करने में ही काफी वक्त गुजार देते हैं और इस तरह की कोशिश नहीं करने के बहाने ढूँढ़ लेते हैं। दूसरी तरफ श्रेष्ठ प्रदर्शनकर्ता मानते हैं कि लगातार अवसरों की खोज करते रहने पर ही सफलता हासिल होती है। आरंभिक भय पर काबू पाना

आपके आगे बढ़ने के लिए पहला सशक्त कदम हो सकता है। जब तक आप कोशिश नहीं करेंगे तब तक आप इस सच्चाई से अनभिज्ञ ही बने रहेंगे।

3. मैं परिवर्तन को स्वीकार कर सकता हूँ।

जीवन में प्रत्येक दिन एक नया अनुभव होता है। किसी संभावित ग्राहक के साथ संपर्क अनिश्चित और भिन्न होता है। इन बातों से आशंकित होना स्वभाविक है। जब आप परिवर्तन को स्वीकार करेंगे तब आप अपने मस्तिष्क को एकाग्र बना पाएँगे और नई अथवा बदली हुई परिस्थितियों में भी संतुलन बनाए रख सकेंगे। यही अंतर है जो श्रेष्ठ और औसत सेल्समैन के बीच होता है। औसत सेल्समैन अप्रत्याशित कुछ भी होने से घबरा जाता है और दिशाहीन जैसा बर्ताव करने लगता है। संभावित ग्राहक प्रत्येक प्रतिक्रिया को गौर से समझने की कोशिश करते हैं। वे जब सेल्समैन को घबराते हुए देखते हैं तो उनके ऊपर नकारात्मक प्रतिक्रिया होती है। दूसरी तरफ श्रेष्ठ प्रदर्शनकर्ता संभावित ग्राहक के सभी सवालों का जवाब साहस के साथ देते हैं और घबराहट का कोई भाव चेहरे पर आने नहीं देते।

सेल्समैन को संकट की घड़ी में खुद से पूछना चाहिए, 'क्या होगा अगर?' यह रवैया अपनाने से अप्रत्याशित का सामना करना आसान हो सकता है और अपने आपको किसी भी परिस्थिति का सामना करने के लिए तैयार किया जा सकता है।

गहराई से देखा जाए तो परिवर्तन का सामना करने का अर्थ है नियंत्रण और स्वीकृति। जब हम परिवर्तन को स्वीकार करते हैं, तब हम इस बात की पुष्टि करते हैं कि हम अपने इर्द-गिर्द की सभी घटनाओं और परिस्थितियों को नियंत्रित नहीं कर सकते। हमें आत्मविश्वास के साथ अप्रत्याशित घटनाओं का सामना करना होगा। इस तरह हम निर्भीकतापूर्वक कदम को आगे बढ़ा सकते हैं और किसी भी गुत्थी को सुलझा सकते हैं। हम यह भी महसूस कर सकते हैं कि भले ही हमेशा हमारा निर्णय सही न हो, फिर भी हम कभी भी गलती को सुधार सकते हैं और सही राह चुन सकते हैं।

4. क्या न का मतलब हमेशा न ही होता है?

ज्यादातर सेल्समैन को 'न' शब्द से डर लगता है। श्रेष्ठ प्रदर्शनकर्ता को 'न' शब्द से डर नहीं लगता।

'न' का मतलब है 'अभी नहीं'।

"आपने मुझे अभी तक सहमत नहीं किया है...मैं सहमत नहीं हो पाया हूँ...मैं समझ नहीं पाया हूँ...इस खास बिंदु पर मैं सहमत नहीं हो सकता...।" इस तरह के अनगिनत विचारों की वजह से कोई 'न' कह सकता है।

एक सेल्समैन ने एक सॉफ्टवेयर प्रोडक्ट एक नए ग्राहक को बेचा। बिक्री की प्रक्रिया लंबी थी। सेल्समैन ने कंपनी के अधिकारी से पूछा कि क्या यह प्रोडक्ट खरीदना चाहेंगे। अधिकारी ने सहजता के साथ जवाब दिया, 'नहीं, धन्यवाद।'

सेल्समैन ने बदले में सवाल किया—"ऐसा क्यों?"

"क्योंकि ऐसा ही सॉफ्टवेयर हमें वर्षों से मुफ्त ही मिला हुआ है।"

"क्या इससे आपको फायदा हो रहा है।"

"नहीं, लेकिन यह मुफ्त है।"

"लेकिन, अगर मेरा प्रोडक्ट उपयोगी साबित हो, आपको ग्राहकों की सेवा करने में मदद मिले तो क्या यह मुफ्त की तुलना में बेहतर नहीं कहलाएगा?"

थोड़ा सोचकर अधिकारी ने कहा—"ठीक है, आपके प्रोडक्ट के बारे में जानना चाहूँगा, मगर मैं आपको समझाना चाहता हूँ, मुफ्त के प्रोडक्ट की जगह इस प्रोडक्ट का इस्तेमाल करने का निर्णय लेना आसान नहीं होगा।"

इस तरह 'न' को 'हाँ' में तब्दील कर दिया गया।

आप स्पष्ट प्रश्न और तटस्थ वाक्यों के जरिए 'न' को प्रभावित कर सकते हैं। अगर आप बहस करेंगे तो नाकाम साबित होंगे। जो सेल्समैन दमदार तरीके से अपनी बात कहते हैं, ग्राहक उनसे प्रभावित होते हैं। ग्राहक सेल्समैन की बिक्री की कला से प्रभावित होते हैं।

'न' का अर्थ 'न' ही होता है जब ग्राहक से कहा जाता है—"आप क्या कह रहे हैं कि आप कभी भी मेरा प्रोडक्ट नहीं खरीदेंगे या किसी भी परिस्थिति में इस पर गौर करना नहीं चाहेंगे...यह प्रोडक्ट कभी भी

आपके लिए उपयोगी साबित नहीं होगा?''

उत्तर इस तरह के हो सकते हैं—

1. हाँ, यही बात है।
2. नहीं, मैं आपके कथन से सहमत नहीं हूँ।
3. असल में, मैं आपके प्रोडक्ट पर विचार करूँगा, अगर···

असल में, तीन में से दो 'न' का मतलब 'न' नहीं होता।

'न' शब्द से डरें नहीं।

5. इनकार से मेरा आत्मविश्वास कभी प्रभावित नहीं होगा।

''हमने आपके प्रतियोगी को चुन लिया है···आपके प्रपोजल के लिए धन्यवाद, हम अधिक खर्च कर पाने की स्थिति में नहीं हैं।'' प्रत्येक सेल्समैन को इस तरह के शब्द सुनने पड़ते हैं, कोई भी ऐसे जवाब से बच नहीं पाता। इस तरह का जवाब सुनना सुखद नहीं होता।

श्रेष्ठ प्रदर्शनकर्ता समझते हैं कि खोए हुए अवसर व्यावसायिक निर्णय होते हैं···वे व्यक्तिगत स्तर पर निरस्तीकरण नहीं होते।

जब ग्राहक आपके प्रतियोगी का चुनाव करता है तो इसका अर्थ होता है कि आप उसे अपने उत्पाद, अपनी कंपनी पर यकीन दिलाने में कामयाब नहीं हो पाए। आप उसे यह यकीन दिलाने में कामयाब नहीं हुए कि आप ही उसके लिए सर्वश्रेष्ठ चुनाव हो सकते हैं। यह सच्चाई किसी भी हालत में बदल नहीं सकती। लेकिन, असफलता एक सबक की तरह है जिसका इस्तेमाल करते हुए अगली बार आप बेहतर प्रतियोगी बन सकते हैं। लक्ष्य यह होना चाहिए कि आपकी शिकस्त कम और जीत अधिक हो।

आपको एक ऐसी मानसिकता का विकास करना चाहिए जो प्रत्येक सौदे में जीत की अपेक्षा रखे, लेकिन इस हकीकत को भी कबूल करे कि आप किसी अवसर को गँवा भी सकते हैं।

4. तत्काल निर्णय और सातत्य

उच्च ऊर्जास्तर, एकाग्रता और निर्भीकता जैसे गुण हमें तत्काल निर्णय और निरंतरता की दिशा में ले जाते हैं। सरल शब्दों में कहा जाए तो तत्काल निर्णय और निरंतरता के लिए ऊर्जा, एकाग्रता और निर्भीकता

की आवश्यकता होती है।

तत्काल निर्णय का मतलब है तुरंत क्रियान्वयन या कदम उठाना और निरंतरता का मतलब है किसी उद्देश्य के प्रति अडिग बने रहना, हर तरह की बाधाओं का सामना करते हुए आगे बढ़ते रहना। तुरंत निर्णय और निरंतरता का उल्टा है दुविधा में रहना।

बिक्री के क्षेत्र में दुविधा में रहनेवालों को सफलता नहीं मिलती।

दुविधा या असमंजस को तर्कसंगत ठहराने के लिए अकसर बहाना बनाया जाता है—'मैं ग्राहकों से गहरा रिश्ता बनाना चाहता हूँ,' अर्थात्, 'मैं संभावित ग्राहक पर कुछ भी करने के लिए किसी तरह का दबाव नहीं डालना चाहता।' यह कथन ठोस बुनियाद पर आधारित है। एक सेल्समैन के रूप में आप ग्राहक के साथ मजबूत और टिकाऊ रिश्ता बनाना चाहते हैं। असल में, अगर आप ऐसा करने में असफल रहेंगे तो सफलता भी आपकी पहुँच से दूर ही रहेगी। लेकिन यही सोच तब दिशा से भटक जाती है जब यह एक सरल हकीकत को अनदेखा करने की कोशिश करती है—सेल्समैन को नतीजे हासिल करने के लिए पारिश्रमिक मिलता है—चुपचाप देखनेवाला बने रहने के लिए नहीं। उससे तुरंत क्रियान्वयन की आशा रखी जाती है। ऐसा क्यों होता है? विक्रय का अर्थ ही है कदम उठाना।

इसके साथ ही यह कथन भय को प्रतिबिंबित करता है। संभावित ग्राहक सेल्समैन से बिक्री करने की आशा रखता है और उसे किसी भी प्रस्ताव को ठुकराने का हक होता है। वह किसी भी सुझाव या बिक्री के अनुरोध को मानने से इनकार कर सकता है। कुछ सेल्समैन इसी डर से कोई कदम नहीं उठाते चूँकि उन्हें ग्राहक के इनकार से खुद को बचाना होता है। खेद की बात यह है कि इस तरह का टालमटोल का रवैया उनकी योग्यता को प्रभावित करता है और संभावित ग्राहक के मन पर भी प्रतिकूल प्रभाव ही पड़ता है। विक्रय के क्षेत्र में न कहना सामान्य घटना है। इस बात की पहले भी चर्चा हो चुकी है कि ग्राहक के 'न' का अर्थ हमेशा 'न' ही नहीं होता।

संभावित ग्राहक को आपका उत्पाद खरीदने के लिए जितना ज्यादा वक्त लगता है, उतनी ही आपके लिए निम्नलिखित चुनौतियाँ उत्पन्न होती हैं—

- व्यावसायिक नुकसान, जैसे वित्तीय संसाधन की क्षति या दूसरे विक्रेता के हाथ में सौदे का जाना।
- एक प्रतिस्पर्धी या नए प्रतिस्पर्धियों को सौदे के लिए बुलाया जाना।
- संभावित कंपनी में अहम् अधिकारी का तबादला।
- संभावित ग्राहक की व्यावसायिक योजना में परिवर्तन, जिसके तहत आपके उत्पाद या सेवा की आवश्यकता नहीं भी हो सकती है।

'तुरंत क्रियान्वयन' का मतलब यह नहीं है कि हम लोगों पर कदम उठाने के लिए बल प्रयोग करें या हम अराजक आचरण करें। इसका मतलब है कि व्यावसायिक व्यक्ति होने के नाते विक्रय की प्रक्रिया में हम तेजी लाएँ और अपने संभावित ग्राहकों को भी प्रेरित करें। आप हरगिज ऐसा नहीं चाहेंगे कि संभावित ग्राहक अपने अनुरोध के प्रति उदासीनता का रवैया देखकर खरीदने का निर्णय बदल ले।

विक्रय की प्रक्रिया में 'अवरोध' और 'झटके' आते ही रहते हैं। निरंतरता वह गुण है जिसकी सहायता से रुकावटों को दूर किया जा सकता है और आगे बढ़ा जा सकता है, सभी श्रेष्ठ प्रदर्शनकर्ता में इस तरह की खूबी होती है।

एक उदाहरण से इस बात को स्पष्ट किया जा सकता है। आपका संभावित ग्राहक कहता है—"हमें पता चला है कि बिक्री के बाद आपकी कंपनी की सर्विस संतोषजनक नहीं होती। ऐसी स्थिति में हम आपकी कंपनी के साथ सौदा नहीं कर सकते हैं।" ऐसी शिकायत क्यों सामने आई? किसी प्रतियोगी ने कहा या किसी ग्राहक ने? क्या यह गलत अफवाह है, पुरानी खबर है या सत्य कथन है? क्या आप इस सवाल को हल करेंगे या निराश होकर किसी दूसरे संभावित ग्राहक की तरफ मुखातिब होंगे? निरंतरता एक तरह का दृढ़ निश्चय है जिसकी मदद से आप बाधाओं का मुकाबला कर सकते हैं और पूरी शक्ति के साथ अपना पक्ष प्रस्तुत कर सकते हैं। बाधा से निपटने में आप कामयाब हो सकते हैं या नाकाम भी हो सकते हैं, मगर आपको इस बात का पछतावा नहीं होता कि आपने प्रयास नहीं किया।

जिस सेल्समैन के भीतर निरंतरता का गुण नहीं होता उसे प्रतियोगी बाजार में बुरी तरह संघर्ष करना पड़ता है। क्यों? इसके पीछे स्पर्धा अहम वजह है। स्पर्धा की स्थिति में आपको आपत्तियों और सवालों से

संघर्ष करना ही पड़ेगा। आपत्तियों को समाप्त करने के लिए निरंतरता का होना आवश्यक होता है।

विक्रय की अवधि का प्रबंधन करने के लिए तत्काल निर्णय और निरंतरता की अहम भूमिका होती है। विक्रय के क्षेत्र में प्रत्येक व्यक्ति के पास सीमित वक्त होता है (मिनट, घंटे, दिन, सप्ताह, महीना या वर्ष), जब आपको संभावित ग्राहकों से संपर्क कायम करना होता है। संभावित ग्राहकों के साथ परस्पर संवाद के लिए आप जितना अधिक समय निकालेंगे, आपके लिए उतने ही अवसर के दरवाजे भी खुलते जाएँगे। बहुमूल्य समय का सही इस्तेमाल नहीं करने पर संभावित ग्राहकों के साथ परस्पर संवाद की अवधि प्रभावित होगी। श्रेष्ठ प्रदर्शनकर्ता विक्रय की अवधि की अहमियत को अच्छी तरह समझते हैं और प्रत्येक दिन का बेहतर उपयोग करने के लिए वे तत्काल निर्णय और निरंतरता जैसे गुणों का अच्छी तरह इस्तेमाल करते हैं।

प्रसिद्ध वैज्ञानिक थामस एडीसन का कथन है—'सफलता के लिए एक प्रतिशत प्रतिभा और निन्यानबे प्रतिशत मेहनत की आवश्यकता होती है।'

5. सकारात्मक रवैया

अंग्रेजी में बच्चों की एक लोकप्रिय पुस्तक है 'द लिटिल इंजन दैट 'कुड'। इस पुस्तक की शुरुआत सकारात्मक संकल्प के साथ होती है— मैं सोचता हूँ मैं कर सकता हूँ··· मैं सोचता हूँ मैं कर सकता हूँ···मैं सोचता हूँ मैं कर सकता हूँ।' पुस्तक के अंत में फिर कहा जाता है— 'मैंने सोचा और मैंने कर दिखाया···मैंने सोचा और मैंने कर दिखाया···मैंने सोचा और मैंने कर दिखाया।'

ऐसा क्यों होता है कि हममें से कुछ लोग जीवन को सकारात्मक नजरिए से देखते तो हैं लेकिन कठिनाईयाँ सामने आने पर घबराने लगते हैं और फिर नकारात्मक बर्ताव करने लगते हैं।

ऐसे कई सफल सेल्समैन मिल जाएँगे जो अपने आप पर भरोसा रखते हैं और हर हालत में संतुलन बनाए रख सकते हैं, भले ही योजना पूरी होने में विलंब हो या तत्काल किसी कामयाबी की उम्मीद दिखाई नहीं दे रही हो। पराजय की स्थिति में वे हताश होते हैं मगर वे कभी भी बेहतर कल की उम्मीद नहीं छोड़ते, वे मानते हैं कि अगली बार परिणाम

जरूर सकारात्मक ही होगा। वे अपनी गलतियों पर विचार करेंगे, अपने तरीके को बदलेंगे और सफलता हासिल करने के लिए नए सिरे से प्रयत्न करेंगे। जब उन्हें सफलता मिलती है तो वे शालीन और कृतज्ञ बने रहते हैं। वे मानते हैं कि सफलता उनके लिए महज संयोग नहीं है। बल्कि उनके प्रयत्नों का निश्चित परिणाम है।

दूसरी तरफ ऐसे सेल्समैन भी मिल जाएँगे जो हमेशा असफल रहने के बारे में सोचकर आशंकित बने रहते हैं। नाकामी किसी दूसरे की गलती की वजह से या नियंत्रण से बाहर किसी घटना की वजह से भी हो सकती है, मगर वे हर नाकामी के लिए अपने आपको जिम्मेदार मानते हैं या किसी दूसरे के सिर दोष मढ़ने की कोशिश करते हैं। वे कहेंगे— उत्पाद ठीक नहीं था, बाजार ठीक नहीं था, सेल्स मैनेजमेंट ठीक नहीं था, अधिकारी ठीक नहीं थे जिनके पास सही योजना या रणनीति नहीं थी, नाकाम होने पर वे सफाई देंगे, मैं जानता था ऐसा ही होगा। कामयाबी मिलने पर भी वे हिचकिचाते हुए कहते हैं, 'इसके लिए खुश होने की जरूरत नहीं है, हमारी किस्मत अच्छी थी जो हमें ऑर्डर मिल गया।'

आप अपने रवैए को निर्धारित कर सकते हैं।

आप स्वयं अपने रवैए की दिशा तय करते हैं।

अगर आप सफल होना चाहते हैं तो आप सफल हो सकते हैं।

आप जिन लोगों के साथ कार्य करते हैं वे आपके रवैए को आसानी से भाँप सकते हैं। आपका रवैया मीटिंग में, फोन पर बातचीत में, ई-मेल संदेश में स्पष्ट रूप से उजागर हो जाता है। आप जान-बूझकर अपने रवैए को भले ही व्यक्त नहीं करते मगर लोग समझ जाते हैं कि आप कौन हैं और आपकी मान्यताएँ कैसी हैं। संभावित ग्राहक ऐसे सेल्समैन के साथ सौदा करना चाहते हैं जो सकारात्मक रवैया अपनाते हैं।

वे सावधानीपूर्वक ऐसे सेल्समैन का चुनाव करते हैं चूँकि उन्हें अपने व्यवसाय के हितों की चिंता रहती है। वे सकारात्मक रवैए के आधार पर ही किसी सेल्समैन पर भरोसा करते हैं। वे किसी ऐसे व्यक्ति से हरगिज सौदा करना नहीं चाहेंगे जिसके नाकाम रहने की आशंका प्रबल हो।

श्रेष्ठ प्रदर्शनकर्ता बनने के लिए सकारात्मक रवैया का होना आवश्यक

है। यह भी सच है कि सिर्फ रवैया बदलने से ही सफलता नहीं मिल जाती। आपको मन में श्रेष्ठ प्रदर्शनकर्त्ता बनने का संकल्प भी लेना होगा। इसके लिए कठोर मेहनत और योग्यता की आवश्यकता होगी।

6. कुशल वक्ता के गुण

श्रेष्ठ प्रदर्शनकर्ता जानते हैं कि किससे बात करनी है, क्या बात करनी है और कब अपने बिक्री के प्रस्ताव को प्रस्तुत करना है। अपने पेशे में उन्नति करने के साथ-साथ वे वार्त्तालाप की कला में पारंगत होते जाते हैं। आप उन्हें सौदा करते हुए देखेंगे तो उनकी बातें आपको सहज और स्वाभाविक नजर आएँगी।

वार्त्तालाप में कुशल सेल्समैन जन्म से ही इस कला में माहिर नहीं होते, बल्कि प्रशिक्षण के जरिए वे योग्यता हासिल करते हैं। कुछ लोगों में बातचीत की कुछ खूबियाँ जन्मजात हो सकती हैं। मगर उन्हें भी सीखने की जरूरत होती है। जिस तरह अन्य पेशेवर योग्यताओं को सीखना पड़ता है उसी तरह वार्त्तालाप की योग्यता सीखी जाती है।

श्रेष्ठ प्रदर्शनकर्ता किसके साथ बातचीत करते हैं?

वे जानते हैं कि वे वरिष्ठ अधिकारियों से बिक्री के बारे में सीधे बात कर सकते हैं, ऐसा नहीं करने पर निम्न स्थितियाँ पैदा हो सकती हैं—

- उन्हें इसके लिए किसी दूसरे पर निर्भर रहना पड़ सकता है।
- उन्हें अपने नाम का उल्लेख करने के लिए अपने प्रतियोगी पर निर्भर रहना पड़ सकता है।
- उन्हें वरिष्ठ अधिकारियों को नजरअंदाज करना पड़ सकता है।

क्यों कई सेल्समैन इस तरह के विकल्प को चुनना पसंद करते हैं? इसके पीछे भय, अज्ञान या लापरवाही जैसी वजहें हो सकती हैं। आप इस तरह की गलती करने से बचें। श्रेष्ठ प्रदर्शनकर्ता कभी ऐसी गलती नहीं करते।

सेलिंग कैरियर में आगे बढ़ने के लिए वरिष्ठ अधिकारियों के साथ सौदेबाजी की कला में माहिर होना आवश्यक होता है। इस मामले में अच्छी बात यह होती है कि वरिष्ठ अधिकारी या व्यवसाय के संचालक सेल्समैन के प्रति दोस्ताना रवैया अपनाते हैं चूँकि वे भी अपने कैरियर के आरंभ में सेल्समैन की भूमिका निभा चुके होते हैं। वे समझते हैं कि

आपके पास कोई ऐसी चीज है जिसकी उन्हें जरूरत हो सकती है। याद रखें, ये वरिष्ठ लोग व्यापार को सफल बनाना चाहते हैं। वे अपने लक्ष्य के प्रति एकाग्र होकर कदम बढ़ाते रहते हैं और उनमें निर्णय लेने की अनूठी क्षमता होती है। आपकी चुनौती है कि आप उन्हें निर्णय लेने के लिए राजी करें।

क्या इसका यह अर्थ है कि आपको बिचौलियों या मध्यस्थों की कोई मदद नहीं लेनी चाहिए? ऐसी बात नहीं है। आपको उनकी जरूरत भी पड़ेगी मगर आपको यह समझना होगा कि शीर्ष पर बैठा व्यक्ति ही आपके लिए निर्णायक साबित हो सकता है। मध्यस्थों और बिचौलियों से संबंध बनाएँ, मगर उनसे यह अपेक्षा न रखें कि वे आपके लिए विक्रय दायित्व का निर्वाह करेंगे। अपने विक्रय प्रयत्नों के लिए उन्हें केंद्रबिंदु न बनाएँ।

श्रेष्ठ प्रदर्शनकर्त्ता किससे बात करते हैं?

इस सवाल का जवाब सहज और स्पष्ट है। वे विशिष्ट खरीदारों से बात करते हैं और उनकी जरूरतों के बारे में स्पष्ट तौर पर जान लेते हैं और फिर उनकी पूर्ति करते हैं।

आपका उत्पाद किस तरह उनके सेल्स को बढ़ाने में मददगार और खर्चों में कमी करने में सहायक सिद्ध होता है?

श्रेष्ठ प्रदर्शनकर्ता में बातचीत की निम्न खूबियाँ होती हैं—

- वे संभावित ग्राहक की बातों को गौर से और सक्रियता के साथ सुनते हैं। वे संभावित ग्राहक को यह संदेश देने में सफल होते हैं कि वह व्यक्ति उनके लिए विशेष है, जिसके साथ वे समय गुजार रहे हैं और वे उसे अधिक कामयाब बनाना चाहते हैं।
- संभावित ग्राहक से ऐसे महत्त्वपूर्ण सवाल पूछते हैं जो—
  1. बातचीत को आगे बढ़ानेवाले होते हैं।
  2. स्पष्टीकरण और पुष्टिकरण करनेवाले होते हैं।
  3. सेल्स में वृद्धि/खर्चों में कटौती जैसे बड़े चित्रों पर केंद्रित होते हैं।
- संभावित ग्राहक की आवश्यकताओं और इच्छाओं की पहचान करते हैं।
- फिर कहते हैं—"मैं समझ गया, मेरा उत्पाद किस तरह आपके

मुनाफे को बढ़ा सकता है। खर्चों में कटौती कर सकता है।''

वे वार्त्तालाप के तीन प्रमुख दोषों से बचते हैं—

- मेरे पास समय या रुचि नहीं है कि मैं आपकी जरूरतों का पता लगाऊँ।
- मैं सुन नहीं सकता क्योंकि मैं अपने उत्पाद के बारे में ज्यादा बातें बताना चाहता हूँ।
- मैं अपनी सफलता की परवाह करता हूँ, आपकी नहीं।

आपको बिक्री का प्रस्ताव कब प्रस्तुत करना चाहिए?

- आप अपने संभावित ग्राहक की जरूरतों के बारे में कुछ भी जाने बगैर भी प्रस्ताव प्रस्तुत कर सकते हैं। ''मैं आपको यह बेचना चाहता हूँ'', 'शायद आप कहेंगे, ''मैं निश्चित नहीं हूँ कि आपकी जरूरत क्या है''? लेकिन यह मेरा उत्पाद है।'' जबकि आदर्श शुरुआत इस तरह की हो सकती है, ''मैं अपने उत्पाद की कीमत लिस्ट प्राइस से तीस फीसदी कम कर सकता हूँ, अब मैं आपको इसके बारे में बताना चाहता हूँ।'' प्रतिदिन ऐसा विक्रय के क्षेत्र में होता ही रहता है।
- श्रेष्ठ प्रदर्शनकर्त्ता जानते हैं कि उस समय सेल्स के प्रस्ताव का प्रभाव और भी बढ़ जाता है जब आप संभावित ग्राहक की नजरों में योग्य साबित होते हैं, आप उसकी जरूरत को ठीक से समझने की कोशिश करते हैं, उन जरूरतों की पूर्ति के लिए सबकी सहमति बनाने में सफल होते हैं, फिर आप अपने उत्पाद का प्रस्ताव प्रस्तुत करते हैं। श्रेष्ठ प्रदर्शनकर्ता इसी अंदाज में अपना काम करते हैं।

वार्त्तालाप—

- अपने आपको इस अंदाज में संप्रेषित करना कि सामनेवाला आसानी से और स्पष्ट रूप से आपकी बात समझ जाए।
- सुनने की कला सीखना।
- दूसरे व्यक्ति की तरफ ध्यान देना।

7. ज्ञानपिपासु

मध्ययुग में एक स्थान से दूसरे स्थान तक की यात्रा करनेवाले सौदागर बाहरी

जगत के समाचारों और सूचनाओं को पहुँचाने में अहम् भूमिका निभाते थे। 21वीं सदी में हालाँकि काफी कुछ बदल चुका है, लोग आज भी सेल्समैन की जुबानी व्यापार और प्रतियोगियों से संबंधित खबरें सुनना पसंद करते हैं, इसके साथ ही वे नए उत्पादों और व्यवसाय के रुझानों को जानने के लिए उत्सुक रहते हैं।

एक कुशल सेल्समैन के साथ स्पर्धा करना आसान नहीं होता जो व्यवसाय की जानकारी और उत्पादों की विशेषज्ञता से लैस होता है। ऐसे सेल्समैन ही श्रेष्ठ प्रदर्शनकर्ता कहलाते हैं।

अगर आप उत्पादों को विभिन्न व्यावसायिक उपक्रमों में बेचने में सफल होना चाहते हैं तो सीखें कि सौदा किस तरह किया जाता है, वर्तमान में क्या प्रमुख मुद्दे हो सकते हैं, और इस समय किस तरह के रुझान दिखाई दे रहे हैं। व्यवसाय के संचालक जागरूक लोगों के साथ काम करना पसंद करते हैं। वे वैसे लोगों के साथ सौदा करना सुविधाजनक समझते हैं जिन्हें संबंधित उद्योग और व्यवसाय के बारे में सटीक जानकारी हो। व्यवसाय और अर्थ से संबंधित पत्र-पत्रिकाओं को नियमित रूप से पढ़ते हुए आप अपने ज्ञान में इजाफा कर सकते हैं।

आप जिस व्यवसाय के क्षेत्र में काम कर रहे हैं, उसके बारे में ज्यादा-से-ज्यादा जानकारी जुटाना आवश्यक होता है। मान लीजिए आपकी कंपनी प्लास्टिक का उत्पादन करती है तो आपको प्लास्टिक उद्योग का अच्छी तरह अध्ययन करना चाहिए। श्रेष्ठ प्रदर्शनकर्ता अपने व्यवसाय के क्षेत्र के संबंध में अद्यतन जानकारियाँ रखते हैं।

वरिष्ठ अधिकारी ऐसे सेल्समैन को अपना हितैषी समझते हैं जो कंपनी और बाजार को प्रभावित करनेवाले व्यावसायिक मुद्दों पर आत्मविश्वास के साथ चर्चा कर सकते हैं।

अर्थनीति संबंधी पत्र-पत्रिकाएँ पढ़ने, व्यावसायिक कार्यशालाओं में भागीदारी करने और अनुभवी व्यक्तियों से मार्गदर्शन लेने से आप अपने क्षेत्र के एक विशेषज्ञ बन सकते हैं। ऐसा करने में आपको कुछ कठिनाइयाँ उठानी पड़ सकती हैं मगर इस तरह आप अपने प्रतियोगियों पर भारी पड़ सकते हैं। इस तरह वरिष्ठ अधिकारी आपके बारे में राय बना सकते हैं कि आप उनके व्यावसायिक वातावरण को ठीक से समझते हैं और उनके लिए मददगार साबित हो सकते हैं।

इसकी इतनी अहमियत क्यों है? जब आप उत्पाद के संबंध में चर्चा करते हैं तो संभावित ग्राहक के मन में आपकी विश्वसनीय छवि बनती है। इस तरह आप यह संकेत भी देते हैं कि आप संभावित ग्राहक को सफल बनाना चाहते हैं। सवाल यह पैदा होता है कि इसके विपरीत परिस्थिति होने पर क्या हो सकता है? जो व्यक्ति संबंधित व्यवसाय के बारे में कोई जानकारी नहीं रखता हो, उसके साथ कोई भी सौदा करना नहीं चाहेगा।

उत्पाद का जानकार होना क्यों जरूरी होता है? अगर मैं नहीं जानता कि संभावित ग्राहकों की जरूरतों की पूर्ति मेरा उत्पाद किस तरह कर सकता है तो मैं सौदे को कैसे आगे बढ़ा सकता हूँ? श्रेष्ठ प्रदर्शनकर्ता अपने उत्पाद के बारे में अच्छी तरह जानता है।

जो उत्पाद आप बेच रहे हैं उसका विशेषज्ञ होना आसान या अत्यंत जटिल कार्य हो सकता है। यह आपके व्यावसायिक ढाँचे के ऊपर निर्भर करेगा। उदाहरण के तौर पर अगर आप केवल एक उत्पाद बेचते हैं तो आपके लिए विशेषज्ञ बनना आसान होगा। दूसरी तरफ कल्पना कीजिए आपको इस तरह के जटिल उत्पादों को बेचना है। वैसी स्थिति में अपने सभी उत्पादों का विशेषज्ञ बनना आपके लिए आसान नहीं होगा। अगर आप ढेर सारे उत्पाद बेच रहे हैं तो कम-से-कम प्रत्येक उत्पाद से संबंधित महत्त्वपूर्ण जानकारियाँ आपके पास होनी चाहिए, ताकि आप ग्राहकों को उनकी खूबियों के बारे में अच्छी तरह बता सकें।

8. सक्षमता

श्रेष्ठ प्रदर्शनकर्ता विक्रय की अवधि की हिफाजत और विस्तार करने में माहिर होते हैं। वे जानते हैं कि विक्रय के लिए जितना अधिक समय लगाएँगे सफलता और उपलब्धि की संभावना उतनी ही बढ़ जाएँगी। किसी के पास असीम यात्रा में समय उपलब्ध नहीं होता, इसीलिए समय को अनमोल कहा जाता है।

आप विक्रय के लिए समय का सृजन इस प्रकार कर सकते हैं—

- अपने दैनंदिन के कार्यों में प्रशासनिक और संचालनात्मक दायित्वों को हटाकर।
- ऐसे ग्राहकों के लिए समय सुरक्षित रखकर जो आपका उत्पाद खरीद सकते हैं।

अपने लिए एक साप्ताहिक कैलेंडर तैयार करें और अपने आपसे यह सवाल पूछें—'बिक्री के लिए निर्धारित समय को प्रभावित किए बगैर मैं दूसरे काम कैसे कर सकता हूँ?'

वास्तविक बिक्री समय की सुरक्षा के सूत्र

- सच्चे ग्राहकों की पहचान करना सीखें।

  प्रत्येक सेल्समैन के पास ग्राहकों की सूची होती है और उनके संबंध में विवरण भी होते हैं। कई ग्राहक उदार और सकारात्मक सोचवाले होते हैं, वे आपके उत्पाद में गहरी दिलचस्पी भी रखते हैं। कुछ ऐसे ग्राहक होते हैं जो खरीदारी की जगह केवल सूचनाओं का संग्रह ही करना चाहते हैं। ऐसे ग्राहक आपका कीमती वक्त आपसे छीन सकते हैं। आप निश्चय कर लें कि अपना समय ऐसे संभावित ग्राहकों के लिए ही खर्च करेंगे जो आपके उत्पाद की बिक्री में दिलचस्पी लेता हो।
- कार्य को बाँटना सीखें।

  श्रेष्ठ प्रदर्शनकर्ता कार्यों का बँटवारा कर अपने प्रदर्शन को और अधिक प्रभावशाली बनाते हैं। आपका कोई सहयोगी कम महत्त्वपूर्ण कार्यों का निपटारा कर आपके बोझ को हलका कर सकता है। इस तरह आप बिक्री का समय बचा सकते हैं।

  टाइम मैनेजमेंट की पुस्तकें पढ़कर या कोर्स करते हुए आप समय के सदुपयोग के गुर सीख सकते हैं।

9. नेतृत्वकर्ता

सेल्स के क्षेत्र में नेतृत्व किसे कहते हैं? यह एक ऐसी प्रक्रिया को आगे बढ़ाना है जिसके जरिए संभावित ग्राहक यह सोचने के लिए मजबूर हो जाए कि आपका उत्पाद उसकी जरूरतों की पूर्ति अच्छी तरह कर सकता है। संभावित ग्राहक की अपेक्षाएँ होती हैं—

- सम्मान पाना, बातों का सुना जाना और विशेष व्यक्ति की तरह व्यवहार।
- उनकी जरूरतों को प्राथमिकता देना।
- सफल होना।

श्रेष्ठ प्रदर्शनकर्त्ता इस हकीकत को समझते हैं और वे संभावित ग्राहकों

की जरूरतों पर विशेष रूप से ध्यान देते हैं। वे सही अर्थों में ग्राहक-केंद्रित होते हैं। वे औसत सेल्समैन की तुलना में ग्राहकों के बारे में कुछ और बातें जानते हैं। जैसे—

- ग्राहक मार्गदर्शन चाहता है और क्रियान्वयन का आदर करता है।
- ग्राहक नेतृत्वकर्ता के साथ धंधा करना पसंद करता है।
- ग्राहक खरीदारी से संतुष्टि हासिल करना चाहता है।

एक आम धारणा रही है कि बिक्री करना आसान है अगर आप ग्राहकों के साथ दोस्ताना संबंध बना लें, उनकी जरूरत की पूर्ति करें और मुस्कराते रहें। लेकिन यह पुरानी मान्यता है। श्रेष्ठ प्रदर्शनकर्ता जानते हैं कि कोई भी वस्तु किसी भी व्यक्ति को बेच देना सफलता का स्थायी मार्ग नहीं हो सकता।

हमारा समाज, आर्थिक परिवेश और व्यावसायिक परिवेश पहले की तुलना में बहुआयामी, जटिल और प्रतिस्पर्धी है। बिक्री नेतृत्व की अहमियत ऐसे माहौल में और भी बढ़ जाती है।

10. संतुलन

संतुलन वह शक्ति है जिससे श्रेष्ठ प्रदर्शनकर्ता अपने प्रदर्शन के उच्च स्तर पर पहुँचते हैं और वहाँ बने रहते हैं। वे अपने व्यक्तिगत एवं पेशेवर जीवन में योग्यता के उच्च स्तर पर पहुँच जाते हैं। उनकी विशेषज्ञता में निम्न बातें होती हैं—

- बिक्री की कुशलता
- वार्त्तालाप की कुशलता
- बिक्री की एक शैली
- उत्पाद, उद्योग एवं व्यापार की जानकारी
- श्रेष्ठता हासिल करने की प्रेरणा

जब आप संतुलन कायम करना सीख जाते हैं तो इन गुणों को अपने आचरण में उतारने में सफल होने लगते हैं।

श्रेष्ठ प्रदर्शन करने के लिए संतुलन को अपनाना सीखिए, प्रत्येक पहलू पर गौर करना सीखेंगे तो आप अपने लक्ष्य तक अवश्य पहुँचेंगे।

□

सेल्स में करें जज्बातों का इस्तेमाल

"मनुष्य तर्क से ज्यादा जज्बातों से संचालित होता है।"

—सैम्युअल एडम्स

जीवन की तरह विक्रय के क्षेत्र में भी उच्च जज्बाती बौद्धिकता आपकी उच्च बुद्धि-क्षमता की तुलना में अधिक उपयोगी साबित हो सकती है।

लोग जिन्हें पसंद करते हैं उन्हीं से खरीदारी करते हैं

बिक्री के क्षेत्र में प्रभावशाली व्यक्तित्व का गहरा प्रभाव पड़ता है। लोग कंपनियों से खरीदारी नहीं करते, बल्कि वे लोगों से खरीदारी करते हैं। इसका मतलब है लोग ऐसे व्यक्ति से ही कुछ खरीदना पसंद करते हैं जिनको वे पसंद करते हैं या जिन पर वे भरोसा करते हैं।

बिक्री के प्रत्येक क्षेत्र में लोग तर्क की वजह से नहीं, बल्कि जज्बातों की वजह से कुछ भी खरीदने के लिए प्रेरित होते हैं। अकसर यही होता है कि लोग पहले भावनात्मक आधार पर किसी वस्तु या सेवा की खरीदारी करते हैं, फिर तर्क के आधार पर अपने निर्णय को सही ठहराने की कोशिश करते हैं। बिक्री के निर्णय के पीछे तर्क का अधिक योगदान नहीं होता। आप दिमाग की तुलना में दिल की बात अधिक गौर से सुनते हैं। इस नियम का अपवाद केवल तब नजर आता है जब लोग दैनिक उपयोग की चीजें खरीदते हैं।

ईमानदारी का प्रभाव पड़ता है

जब आप ग्राहकों के साथ टिकाऊ रिश्ता कायम करते हैं तब आपको अधिक सफलता मिलती है। ग्राहक आप पर भरोसा करने लगते हैं और आपकी बातें उन्हें गलत नहीं लगतीं। यही वजह है कि श्रेष्ठ सेल्समैन महज विक्रेता ही नहीं होता, बल्कि एक मित्र के समान होता है।

जो सेल्समैन ईमानदार नहीं होते, ग्राहक उन पर भरोसा नहीं करते।

आप किस तरह आकर्षण पैदा कर सकते हैं?

अन्य कई बातों के अलावा शेक्सपीयर ने आकर्षण के बारे में सबसे बेहतरीन तरीके से बताया है। उन्होंने कहा कि जब कोई व्यक्ति उदार और शालीन होता है तो वह स्वाभाविक रूप से आकर्षण पैदा करता है। वर्तमान युग में हम कह सकते हैं कि जब व्यक्ति ईमानदार और मददगार होता है तो वह दूसरों को प्रभावित करता है। दोनों गुणों में संतुलन होना चाहिए। अत्यधिक ईमानदार होना या अत्यधिक मददगार स्वभाव का होना विपरीत प्रभाव भी पैदा कर सकता है। आकर्षण पैदा करने के लिए क्या करना चाहिए?

सही क्षेत्र में जज्बात को केंद्रित करें

विक्रय से संबंधित वार्त्तालाप तीन प्रकार के होते हैं। वे इस प्रकार हैं—

- **व्यक्तिगत/व्यक्तिगत वार्त्तालाप**—इस तरह का वार्त्तालाप केवल व्यक्तिगत विषयों पर केंद्रित होता है और उसका व्यवसाय के साथ कोई संबंध नहीं होता। इस तरह के वार्त्तालाप में खबरों, खेल-कूद, मौसम आदि मुद्दों की अधिक चर्चा होती है। व्यवसाय में इस तरह का वार्त्तालाप अकसर तब होता है जब आप किसी व्यक्ति से पहली बार मिलते हैं और इस तरह की बातचीत की गुंजाइश रहती है। मगर इस तरह का वार्त्तालाप आपकी बिक्री को बढ़ाने में मददगार साबित नहीं हो सकता।
- **व्यापार/व्यापार वार्त्तालाप**—यह वार्त्तालाप बिलकुल विपरीत किस्म का होता है। ऐसे वार्त्तालाप में व्यक्तिगत विषयों को छोड़कर केवल व्यवसाय की चर्चा होती है। इस वार्त्तालाप का लहजा कुछ इस तरह का होता है—'तो ग्राहक महोदय, यह प्रस्तावित कदम कंपनी को किस तरह प्रभावित कर सकता है।'
- **व्यापार/व्यक्तिगत वार्त्तालाप**—इस तरह का वार्त्तालाप आरंभ में

'व्यापार/व्यक्तिगत वार्त्तालाप' जैसा लग सकता है मगर इसमें सूक्ष्म अंतर होता है। अमूमन इसका स्वरूप कुछ अलग होता है। पहले स्वरूप में संभावित ग्राहक से उसकी राय पूछी जाती है। उदाहरण के तौर पर तो ग्राहक महोदय, यह प्रस्तावित कदम कंपनी को किसी तरह प्रभावित कर सकता है? दूसरा स्वरूप थोड़ा सशक्त होता है। इसके तहत पूछा जाता है कि कैसे कोई कदम उसे निजी तौर पर प्रभावित कर सकता है। यह सवाल इस तरह का हो सकता है—तो ग्राहक महोदय, प्रस्तावित कदम आपकी अपनी स्थिति को किस तरह प्रभावित कर सकता है? दोनों ही मामलों में प्रश्न संभावित ग्राहक के उस जज्बात के प्रति केंद्रित है जो उसके व्यवसाय जगत् से जुड़ा है।

सेल्स में जज्बात का इस्तेमाल 'व्यापार/व्यक्तिगत वार्त्तालाप' पर केंद्रित होना चाहिए। इस तरह आप एक परामर्शक की भूमिका में नजर आएँगे और ग्राहक का विश्वास हासिल करने में सफल होंगे। ग्राहक आपको महज एक 'परामर्शक' ही नहीं समझेगा, बल्कि उसे लगेगा कि आप उसकी तरफ ध्यान भी दे रहे हैं। उनके अवचेतन मन पर इसका गहरा प्रभाव पड़ेगा।

'व्यापार/व्यक्तिगत वार्त्तालाप' के जरिए खरीदारी के उद्देश्य भी उजागर हो सकते हैं। इसके विपरीत 'व्यापार/व्यक्तिगत वार्त्तालाप' का नतीजा 'औपचारिक' किस्म का हो सकता है।

इस तरह के सवाल हरगिज न पूछें, 'इसके बारे में कंपनी कैसा महसूस करती है?' इसकी जगह कहें, 'इसके बारे में आप कैसा महसूस करते हैं?'

खरीदारी के निर्णय के पीछे कैसे जज्बात होते हैं?

खरीदारी के संबंध में ग्राहक की बुद्धि तर्कों पर विचार करेगी, मगर उसी समय आपके विचारों पर जज्बात छाये रहेंगे। हम जानते हैं कि लोग भावनात्मक आधार पर खरीदारी करते हैं। फिर तर्क के आधार पर अपने निर्णय को उचित ठहराते हैं। हमें यह भी मालूम होना चाहिए कि ऐसे जज्बातों का गहरा असर होता है। लेकिन यहाँ कौन सा जज्बात सबसे ज्यादा कारगर साबित होता है?

मानव मन में अनगिनत जज्बात प्रवाहित होते रहते हैं, मगर बिक्री के नजरिए से सर्वाधिक ताकतवर भय और लालच होते हैं। ये इतने ताकतवर हो

सकते हैं कि तर्क को पीछे छोड़ सकते हैं। ताकतवर होने के बावजूद आपको कभी भी विक्रय के उद्‌देश्य से भय और लालच का प्रयोग नहीं करना चाहिए। अगर आप ऐसा करेंगे तो ग्राहक आसानी से भाँप जाएगा और आपको पसंद नहीं करेगा। आपको केवल इन दोनों आवेगों का ध्यान रखना चाहिए चूँकि ये दोनों मौजूद रहते हैं और दोनों ही ताकतवर होते हैं।

नुकसान का डर और मुनाफे की इच्छा

भय और लालच में सबसे अधिक शक्तिशाली कौन है? हकीकत में दोनों एक ही सिक्के के दो पहलू होते हैं। कई लोग मुनाफे की इच्छा की तुलना में नुकसान से अधिक डरते हैं। उदाहरण के तौर पर अगर किसी खेल के लिए दो टीमों से कहा जाए कि हारने पर बीस हजार रुपए लगेंगे और जीतने पर बीस हजार रुपए मिलेंगे। ऐसी स्थिति में कोई भी टीम खेलना नहीं चाहेगी। नुकसान का डर मुनाफे की इच्छा से अधिक प्रभावी होता है।

□

सेल्स के लिए बॉडी लैंग्वेज को समझना जरूरी है

'शहर केवल कंक्रीट का जंगल नहीं होता, यह मनुष्यों का अजायबघर भी होता है।'

—डेसमंड मौरीस, बॉडी लैंग्वेज विशेषज्ञ

जहाँ तक बॉडी लैंग्वेज का सवाल है, आप जितना इसके बारे में सोचते हैं उससे ज्यादा इसके बारे में पहले से जानते हैं। आपको इस विषय की कुछ बारीकियों को समझने की जरूरत है, जिनकी मदद से आप सेल्स के क्षेत्र में कामयाबी हासिल कर सकते हैं। आप पहले भी लोगों के हावभाव को समझते रहे होंगे और संकेतों का अर्थ भी समझते होंगे, लेकिन जब आप मानव मुद्रा के अनेक पहलुओं से अच्छी तरह अवगत हो जाएँगे तो आपके लिए संभावित ग्राहकों के साथ सौदेबाजी करना आसान हो जाएगा।

सेल्स में बॉडी लैंग्वेज की क्या अहमियत है?

यू.सी.एल.ए. के मनोवैज्ञानिक एवं शोधकर्ता अल्बर्ट मेहराबियन को इस विषय के आधुनिक शोध का अग्रदूत माना जाता है। 1970 के दशक में उनके शोध के निष्कर्ष सामने आए थे, जिसमें आमने-सामने की मुलाकात में आपसी संवाद के बारे में इस प्रकार बताया गया था—

- बोले गए शब्द—7 प्रतिशत
- स्वरबद्धता : 38 प्रतिशत

• बॉडी लैंग्वेज : 55 प्रतिशत

परस्पर संवाद के मामले में हम अन्य जीवों की तुलना में बोले गए शब्दों को सबसे अधिक अहमियत देते हैं। ऐसा शायद इसलिए होता है क्योंकि बोलकर हम जटिल और अमूर्त विचारों को भी इस तरह व्यक्त कर सकते हैं, जिस तरह अन्य विधियों से व्यक्त करना संभव नहीं होता। लेकिन जो विचार हम व्यक्त करते हैं वे न तो जटिल होते हैं न ही अमूर्त होते हैं, बल्कि वे बुनियादी आवेगों से संबंधित होते हैं। और बुनियादी आवेग अकसर बॉडी लैंग्वेज के माध्यम से स्पष्ट रूप से व्यक्त होते हैं। कई शोधों से यह तथ्य स्पष्ट हो चुका है कि जब किसी श्रोता को बोले गए शब्द और बॉडी लैंग्वेज के बीच विरोधाभास नजर आता है तो वह बॉडी लैंग्वेज पर ज्यादा भरोसा करता है।

प्रवर्तक और अप्रवर्तक बॉडी लैंग्वेज

सेल्स के क्षेत्र में बॉडी लैंग्वेज की दो श्रेणियाँ होती हैं। आपकी बॉडी लैंग्वेज जो ग्राहक को राजी करती है या इनकार करने के लिए प्रेरित करती है, दूसरा ग्राहक की बॉडी लैंग्वेज। सबसे पहले हम उस बॉडी लैंग्वेज की चर्चा करते हैं जो दूसरों को राजी करती है या इनकार करने के लिए प्रेरित करती है।

प्रवर्तक बॉडी लैंग्वेज

- **ग्राहक जब बोल रहा हो तब आपका सिर हिलाना**—ऐसा करना आसान होता है और इस तरह आप फायदे की स्थिति में रहते हैं। ज्यादातर लोगों का मानना होता है कि सेल्समैन गौर से उनकी बात नहीं सुनते। सिर हिलाकर आप ग्राहक को ऐसी धारणा बदलने के लिए मजबूर कर सकते हैं।
- **प्रतिबिंबित करना**—प्रतिबिंबित करने का अर्थ है आप ग्राहक का अक्षरशः अनुकरण करें। जिन लोगों को हम पसंद करते हैं, हम उनका अनुकरण भी करते हैं। जब कोई हमें प्रतिबिंबित कर रहा होता है तो वैसे व्यक्ति के प्रति हमारे मन में सद्भाव पैदा होता है। बेहतर तरीके से प्रतिबिंबित करने का अर्थ समान मुद्रा बनाना नहीं होता। आपकी दृष्टि और श्वास प्रक्षेपण भी दूसरे व्यक्ति के अनुरूप होना चाहिए। जब आप ऐसा करते हैं तो ग्राहक पर गहरा प्रभाव पड़ता है।

अप्रवर्तक बॉडी लैंग्वेज

- **अवरोध हटाएँ**—ग्राहक के सामने पैर पर पैर चढ़ाकर न बैठें, क्योंकि ऐसा करने से ग्राहक और आपके बीच एक किस्म का अवरोध पैदा होता है।

  इसी तरह वार्त्तालाप के दौरान आप अपनी बाँहों को भी खुला रखें। बाँहों को आपस में जोड़कर रखने से अवरोध पैदा होता है और यह संदेश जाता है कि आप कुछ छिपाने की कोशिश कर रहे हैं।
- **सही मुद्रा में बैठें**—ग्राहक की मौजूदगी में कभी भी पीछे की तरफ झुककर न बैठें। इससे संदेश जाएगा कि आप लापरवाह या आलसी हैं। सबसे बेहतर बैठने की मुद्रा है कि आप सामने की तरफ थोड़ा झुककर बैठें, इससे ग्राहक को महसूस होगा कि आप उसकी बातों में दिलचस्पी ले रहे हैं। लेकिन सामने की तरफ जरूरत से ज्यादा झुककर हरगिज न बैठें। इस तरह बैठने से ग्राहक समझेगा कि आप दबाव डालने की कोशिश कर रहे हैं। ग्राहक के ठीक सामने बैठने से बचें। अगर आप ग्राहक के बगल में बैठेंगे तो टकराव की मुद्रा नहीं रह जाएगी।

दूसरों को परखने के लिए बॉडी लैंग्वेज

बॉडी लैंग्वेज की जानकारी हासिल कर जहाँ आप दूसरों को ठीक से पहचान पाएँगे, वहीं यह जानकारी आपको दूसरों के मन में उभर रहे विचारों को समझने में भी मदद करेगी। सेल्स के दौरान आप निम्न शारीरिक मुद्राओं का अर्थ अच्छी तरह समझ सकते हैं—

अवरोध

अगर आपके ग्राहक ने बाँहों को आपस में जोड़ रखा है तो इसका अर्थ है कि वह एक अवरोध बनाना चाहता है। ऐसा वह जानबूझकर भी कर सकता है या अवचेतन मन की वजह से भी कर सकता है। इस तरह के अवरोध का मतलब यह निकलता है कि आपने जो कहा है, अभी तक ग्राहक को उस पर विश्वास नहीं हो पाया है। अगर यही वजह है तो समझ लें ग्राहक अपनी शंका को लेकर गंभीर है और उसका निराकरण करने के बाद ही अपनी बातचीत को आगे बढ़ाएँ।

हालाँकि, बाँहों को आपस में जोड़ने की मुद्रा में विभिन्नताएँ हो सकती हैं।

कोहनी को पकड़ने की मुद्रा भी अवरोध को व्यक्त करती है। दोनों हाथों से कप को थामना भी अवरोध दर्शाता है।

दिलचस्पी जताना

अगर ग्राहक को आपके प्रस्ताव में रुचि है तो गाल पर हाथ रखकर वह दिलचस्पी जता सकता है। अँगूठा और तर्जनी ऊपर की तरफ और तीन उँगलियाँ नीचे की तरफ होती हैं।

इसी तरह जब कोई व्यक्ति किसी विषय में दिलचस्पी लेता है तो उसका सिर एक तरफ झुक जाता है।

जब कोई व्यक्ति निर्णय लेने की स्थिति में पहुँच जाता है तो दोनों हाथों की उँगलियों को आपस में सटा लेता है।

आँखें बोलती हैं

कोई व्यक्ति किसी विषय में रुचि ले रहा है या नहीं, उसकी आँखों की तरफ देखकर आप इस बात का पता लगा सकते हैं। आँखों की अपनी अलग भाषा होती है जो हमारे मनोभावों को स्पष्ट रूप से व्यक्त कर सकती है। हमारे भीतर की पीड़ा और खुशी को आँखों की भाषा आसानी से उजागर कर देती है। आपको ग्राहक की आँखों की भाषा पढ़ते समय दो पहलुओं का ध्यान रखना चाहिए—

- जब आपके प्रस्ताव के प्रति ग्राहक रुचि दर्शाएगा तो उसकी पलकें तेजी से झपकने लगेंगी। इसे आप सफल सौदे का पूर्व संकेत समझ सकते हैं।
- व्यक्ति जब कुछ चाहता है तो उसकी पुतलियाँ फैल जाती हैं। यह भी सफल सौदे का पूर्व संकेत होता है जो कभी गलत नहीं हो सकता। शायद यही वजह है कि मनोभाव को छिपाने के लिए ताश के खिलाड़ी काला चश्मा पहनते हैं।

  यूनिवर्सिटी ऑफ शिकागो में एकहार्ड हेस ने सन् 1970 में एक शोध के दौरान इस तथ्य का पता लगाया। शोध के निष्कर्ष में बताया गया कि इसका प्रभाव जबर्दस्त होता है। जब हम किसी चीज को देखकर उसे पाना चाहते हैं तो हमारी पुतलियाँ फैल जाती हैं और अगर किसी चीज को हम नापसंद करते हैं तो हमारी पुतलियाँ सिकुड़ जाती हैं।

कैसे देखें

अमेरिकी विश्वविद्यालयों में किए गए शोधों का निष्कर्ष है कि सर्वाधिक सफल वैसी बिजनेस मीटिंग होती है जिसमें एक तिहाई समय तक दोनों पक्ष एक दूसरे की आँखों में देखकर बात करते हैं। अगर इससे कम समय तक आँखों का संपर्क होता है तो दोनों पक्षों के बीच परस्पर विश्वास का माहौल कायम नहीं हो पाता। जिस मीटिंग में एक तिहाई से अधिक वक्त तक आँखों का संपर्क होता है उनमें परस्पर टकराव या अत्यधिक व्यक्तिगत भाव हावी हो जाता है।

कहाँ देखें—शोधों में कहा गया है कि ग्राहक के चेहरे के किस हिस्से पर आपकी नजर रहती है, इस बात की भी विशेष अहमियत होती है। सिर के मध्य भाग से ऊपरी होंठ तक के हिस्से को इस लिहाज से सर्वश्रेष्ठ माना जाता है। इससे नीचे के हिस्से की तरफ देखना उचित नहीं माना जाता। इस हिस्से से अधिक ऊपर देखना लापरवाही को दर्शाता है।

निगाहें नहीं मिलानेवाले—हम अकसर वैसे लोगों पर विश्वास नहीं करते जो हमसे आँखें चुराते हैं और आँखों से देखे बगैर हम परस्पर संवाद करने से बचते हैं। अगर ग्राहक आपसे निगाहें नहीं मिला रहा है तो इसका अर्थ है कि उसे आपके साथ सौदा करने में दिलचस्पी नहीं है और वह सिर्फ बातचीत की औपचारिकता निभाने की कोशिश कर रहा है।

देखने का अंदाज—देखने का अंदाज हालात को भाँपने का सटीक पैमाना होता है। जो व्यक्ति वर्चस्व कायम करना चाहता है, उसकी तुलना में खुद को कमतर समझनेवाला व्यक्ति ठीक से आँखें नहीं मिला पाता। जब व्यक्ति का दर्जा ऊँचा होता है तो वह अपने नीचे काम करनेवालों के व्यवहार का निरीक्षण करने की जरूरत कम समझता है। यहाँ स्त्री-पुरुष के अंतर को भी ध्यान रखने की जरूरत है। केलीफोर्निया के प्रोफेसर नैन्सी हेनकी के शोध के अनुसार ऊँचे ओहदे पर मौजूद महिलाएँ पुरुषों की तुलना में अपने नीचे काम करनेवालों की तरफ अधिक गौर से देखती हैं।

मुसकराहट

आप इस बात का कैसे पता लगा सकते हैं कि किसी की मुस्कराहट असली है या बनावटी? परिवार की पुरानी तस्वीरों के अलबम को देखते हुए आप बनावटी मुस्कराहट की पहचान कर सकते हैं। मगर ऐसा करने की जरूरत ही क्या है? असली मुस्कराहट की पाँच खूबियाँ होती हैं—

- यह सामंजस्यपूर्ण होती है।
- यह निश्चित समय तक बनी रहती है।
- इसका प्रभाव आँखों के निचले हिस्से से झलकता है।
- इससे भवें झुक जाती हैं।
- इससे आँखें फैल जाती हैं।

किसी व्यक्ति की मुस्कराहट का आकलन करने के लिए आप अगर इन पाँच बातों को ध्यान में रखेंगे तो पता चल जाएगा कि मुस्कराहट असली है या नकली। श्रेष्ठ अभिनेता भी बनावटी मुस्कान को छिपा नहीं सकते।

कैसे पता चले कि कोई झूठ बोल रहा है?

लोग झूठ को छिपाने के लिए कई तरीके अपनाते हैं मगर आपका अवचेतन मन उस समय आपको सावधान कर सकता है जब ग्राहक ईमानदारी नहीं बरत रहा हो। आप कुछ संकेतों के आधार पर इस बात की पड़ताल कर सकते हैं। इन संकेतों के जरिए आप पता लगा सकते हैं कि सामनेवाला व्यक्ति सच बोल रहा है या झूठ।

- **आँखें**—झूठा आदमी सच्चे आदमी की तुलना में जल्दी-जल्दी पलकें झपकाता है।
- **हाथ**—झूठे आदमी के हाथ की हरकत सच्चे आदमी की तुलना में कम होती है।
- **आत्मकेंद्रित**—जब व्यक्ति झूठ बोल रहा होता है तब वह अपने बारे में ज्यादा बातें करता है। सच्चा आदमी ऐसा नहीं करता। झूठ को छिपाने के लिए व्यक्ति दूसरों की तुलना में स्वयं के साक्ष्य का सहारा लेना सुरक्षित समझता है। 'मैं' या 'मुझे' का जरूरत से अधिक इस्तेमाल सुनकर आप सावधान हो सकते हैं।
- **सहमने का भाव**—झूठ बोलनेवाले व्यक्ति के चेहरे पर पल भर के लिए सहमने का भाव आता है, जिसे वह तत्काल छिपा लेता है। इस तरह उनके मन के भय को उनके चेहरे पर पढ़ा जा सकता है।
- **स्वयं का स्पर्श**—जब बच्चे झूठ बोलते हैं तो वे अपने मुँह को ढकने की कोशिश करते हैं। वयस्क होने पर व्यक्ति इस आदत को छोड़ देता

है, मगर झूठ बोलने पर उसका हाथ चेहरे की तरफ जाता है। वह आँख, कान या गरदन का स्पर्श करता है।

- **पैरों की हरकत**—झूठ बोलते समय लोग हिलते हैं। चालाक झूठा आदमी हाथ और शरीर के ऊपरी हिस्से को भले ही स्थिर रख पाता है, मगर अपने पैरों की हरकत को नियंत्रित नहीं कर पाता। पैरों को हिलते हुए देखकर समझा जा सकता है कि व्यक्ति झूठ बोल रहा है।

हाथ मिलाना

- **वर्चस्व जताने के लिए हाथ मिलाना**—इस तरह हाथ मिलाते वक्त एक व्यक्ति दूसरे व्यक्ति के हाथ के ऊपरी तरफ दबाव बनाता है, बराबर हाथ रखकर ऐसा नहीं करता। आपको इससे बचना चाहिए। जो लोग आपसे इस तरह हाथ मिलाते होंगे, आप उन्हें पसंद नहीं करते होंगे।
- **दोनों हाथों का सहारा लेना**—इस तरह दाएँ हाथ को मिलाते हुए बाएँ हाथ से भी दबाया जाता है। आप राजनेताओं को इस तरह हाथ मिलाते हुए देख सकते हैं। इससे स्पष्ट होता है कि व्यक्ति बनावटी अपनापन जताने की कोशिश कर रहा है।

आखिरी बात याद रखें कि जब आप किसी से हाथ मिलाएँ तो सीधे उसकी आँखों की तरफ देखें। ज्यादातर लोग आँखों की तरफ देखने की जगह हाथों की तरफ देखते रहते हैं।

□

बिक्री के लिए फोन का उपयोग किस तरह करें

'दूसरों को मनाने के लिए अच्छा श्रोता बनना चाहिए।'

—डीन रस्क

परंपरागत सलाहकार सुझाव देते रहे हैं कि सेल्समैन को बेहिचक नंबर डायल कर निर्णय लेने में सक्षम व्यक्तियों के सामने बिजनेस प्रपोजल रख देना चाहिए। असल जीवन में ऐसा करना इतना आसान नहीं होता।

अगर आप सफल सेल्समैन बनना चाहते हैं तो आपको फोन का सही इस्तेमाल करने में कुशलता प्राप्त करनी होगी। नए बिजनेस हासिल करने का यह सबसे अचूक तरीका है और इसकी सहायता से अन्य नई व्यावसायिक विधियों को आसान बनाया जा सकता है।

फोन की मदद से एप्वॉइंटमेंट हासिल करना एक विशेष कुशलता है जिसे सीखने की जरूरत होती है। कुछ लोग अनजान व्यक्तियों को फोन करते हुए हिचकते हैं, लेकिन जब इस कुशलता को आप सीख जाते हैं तो मन में किसी तरह का भय नहीं रह जाता। यहाँ कुछ ऐसे ही कारगर सूत्रों की चर्चा की गई है—

फोन करने से पहले ठीक से सोच लें कि आप क्या चाहते हैं

किसी व्यक्ति को फोन करने से पहले सुनिश्चित कर लें कि आप क्या चाहते हैं। आपका उद्देश्य एक ऐसी स्थिति तैयार करना है जब निर्णय लेने

में सक्षम कोई व्यक्ति आपकी कंपनी के बारे में अच्छी समझ रखते हुए आपसे बात करने के लिए सहमत हो जाए। मगर दूसरी तरफ मौजूद व्यक्ति फौरन खुलकर बात करने के लिए तैयार नहीं हो जाएगा। तो फिर आप वांछित स्थिति कैसे पैदा कर सकते हैं? इसकी शुरुआत आप औपचारिक फोन कॉल्स संबंधी अपनी मान्यताओं में परिवर्तन के साथ कर सकते हैं।

लोग अकसर यह समझने की गलती कर बैठते हैं कि औपचारिक कॉल्स का उद्देश्य उत्पाद या सेवा को बेचना होता है। असल में ऐसा नहीं होता। इसका असली मकसद संभावित ग्राहक से परिचय प्राप्त करना और सटीक व्यक्ति से एप्वॉइंटमेंट हासिल करना होता है। इसका अर्थ है कि फोन के जरिए आप एप्वॉइंटमेंट हासिल करने के सिवा कुछ और हासिल करने की कोशिश न करें। अगर आप इस मानसिकता के साथ कदम बढ़ाएँगे तो फोन करते हुए कम तनाव महसूस करेंगे और फोन करना आपके लिए लाभदायक साबित हो सकेगा। यह बेचना नहीं है बल्कि तलाश करना है।

आपके कॉल के चार संभावित जवाब

ढूँढ़ने की इस प्रक्रिया को अच्छी तरह समझने की जरूरत है। कल्पना कीजिए आप एक कारखाने में प्रोडक्शन लाइन के आखिर में काम करनेवाले कर्मचारी हैं, जिस कारखाने में चार प्रकार के उत्पाद तैयार किए जाते हैं। आपका काम है प्रत्येक प्रकार के उत्पाद को उठाकर उसकी श्रेणी के ढेर में रखते जाना। जब आप औपचारिक कॉल्स करते हैं तो आपको चार प्रकार के संभावित जवाब सुनने को मिलते हैं। ये नतीजे इस प्रकार के होते हैं—

1. जवाब देनेवाला कहता है—'हाँ, मुझे उस चीज की जरूरत है जो आपकी कंपनी पेश कर रही है।'
2. जवाब देनेवाला कहता है—'आप जो प्रस्ताव दे रहे हैं उसकी मुझे भविष्य में जरूरत हो सकती है।'
3. जवाब देनेवाला कहता है—'नहीं, आप जो पेशकश कर रहे हैं, उसकी मुझे कभी जरूरत नहीं होगी।'
4. जवाब देनेवाला आपके साथ रुखाई के साथ पेश आता है।

आपको केवल इतना पता लगाना है कि जवाब देनेवाला इन चार वर्गों में से किस वर्ग से संबंध रखता है, फिर आगे कदम बढ़ाने की जरूरत है।

100 कॉल्स में केवल एक कॉल वर्ग 4 में होगी। ज्यादातर कॉल्स वर्ग 2 या वर्ग 3 में शामिल होने लायक होंगी। आप वर्ग 1 के जवाब की तलाश में रहेंगे।

हर तरह के जवाब के प्रति आपकी कैसी प्रतिक्रिया होनी चाहिए?

जवाब 4 : जवाब देनेवाला आपके साथ रुखाई के साथ पेश आता है

इस तरह का जवाब सुनने के बाद दोबारा फोन करना कठिन हो सकता है, मगर आपको रुखाई की बात को भूलकर संतुलित अवस्था में नए सिरे से फोन करना चाहिए। ग्राहक के रूखे बर्ताव को सुनकर फोन वापस रख देने में कोई बुराई नहीं है।

इस तरह के जवाब की संख्या घटती जाए, यह आपके लिए अच्छी बात होगी। इसके लिए आपको प्रत्येक व्यक्ति से मधुर शैली में बातचीत करनी होगी। जब आप शालीन शब्दों में बातचीत करेंगे तो दूसरे व्यक्ति के लिए रुखाई के साथ जवाब देना कठिन हो जाएगा। इस तरह की शैली अपनाने से सेल्स के क्षेत्र में आपको भविष्य में भी लाभ होगा।

जवाब 3 : नहीं, आप जो पेशकश कर रहे हैं, उसकी मुझे कभी जरूरत नहीं होगी

समय देने के लिए उन्हें धन्यवाद कहें और अपनी सूची से ऐसे व्यक्तियों के नाम हटा दें। इंकार सुनते रहने से घबराएँ नहीं। सेल्स के कई सलाहकार कहते हैं कि 'न' का अर्थ हमेशा इंकार ही न समझें। मगर यहाँ सवाल आपके धैर्य का नहीं, चयन का है।

जवाब 2 : आप जो प्रस्ताव दे रहे हैं उसकी मुझे भविष्य में जरूरत हो सकती है

सबसे पहले आप खुद से पूछें कि क्या वास्तव में उन्हें भविष्य में जरूरत हो सकती है। कई बार कुछ लोग शालीनता के साथ आपको टालने के लिए इस तरह का सकारात्मक आश्वासन दे सकते हैं। इस हकीकत को समझने की कोशिश करें।

अगर आपको लगता है कि जवाब देनेवाले की मंशा सही है तो आपको उसके साथ संपर्क बनाए रखने की जरूरत है। आप उससे भविष्य की योजना के बारे में पूछ सकते हैं। उदाहरण के तौर पर

वह आपको बता सकता है कि कब किसी अनुबंध की अवधि पूरी होनेवाली है या कब तक वह नए आपूर्तिकर्ता की तलाश कर सकता है। आप उनसे कहें कि भविष्य में भी आप उन्हें फोन करेंगे और आप ऐसा करें भी। तीन महीने के अंतराल पर फोन करते रहना ठीक रहेगा।

जवाब 1 : हाँ, मुझे उस चीज की जरूरत है जो आपकी कंपनी पेश कर रही है

अगर आपको लगता है कि जवाब देनेवाला सहमत हो सकता है तो मुलाकात के बारे में पूछें। हालाँकि, इस तरह का जवाब मुश्किल से ही मिलता है क्योंकि अधिकतर लोग मीटिंग की सहमति देने से पहले आपकी कंपनी के बारे में कुछ सूचनाएँ प्राप्त करना चाहते हैं। पहली बातचीत में ही मीटिंग की सहमति हासिल करना संभव नहीं होगा। अगर आप दूसरी बार कॉल करने तक इंतजार करेंगे तो आपको सफलता मिल सकती है। इसीलिए आपके लिए सबसे बेहतर तरीका होगा कि पहले ग्राहक को अपनी कंपनी का ब्यौरा देते हुए ई-मेल भेजें। जब वह ई-मेल पढ़ ले तब कुछ दिनों के बाद उसे फिर फोन करें।

दो बार कॉल करने की यह पद्धति अपनाने से कुछ दिनों के बाद फोन कर एप्वाइंटमेंट हासिल करना आपके लिए आसान हो जाएगा। इस दौरान आपकी कंपनी का ब्यौरा पढ़कर ग्राहक भी बातचीत के लिए तैयार हो चुका होगा। इस तरह आपके लिए चयन की प्रक्रिया असरदार बन जाएगी।

आपको क्या कहना चाहिए?

याद रखें, आप जो कॉल्स करते हैं उसके पीछे दो उद्देश्य होते हैं— संभावित ग्राहकों में से सही ग्राहकों का चयन करना और फिर वैसे संभावनाशील ग्राहक के साथ मीटिंग निश्चित करना। इसीलिए आपके शब्दों से दोनों लक्ष्यों को झलकना चाहिए और यह बात संभावित ग्राहक से इस अंदाज में कहनी चाहिए कि उसे कोई असुविधा न हो, ऐसा तरीका हो कि ग्राहक अपनी स्थिति के बारे में खुलकर बात कर सके।

यह याद रखना महत्त्वपूर्ण होगा कि जिस व्यक्ति को आप फोन कर

रहे हैं उसे शायद रोज अनगिनत कॉल्स प्राप्त होते हैं और वह आपकी बातों को सुनकर आरंभिक 10 सेकंड में निर्णय ले सकता है कि वह आपसे बात करना चाहता है या नहीं। ऐसे व्यक्तियों को रोजाना अधिकतर कॉल्स आती हैं और उनमें विक्रय-कला की सीमित योग्यता ही उजागर होती है। ऐसे कॉल करनेवाले प्रतिदिन 100 कॉल्स करते होंगे और उनकी रटी-रटाई बातें सुनकर कोई भी व्यक्ति ऊब जाता होगा।

आपका संभावित ग्राहक वैसे फोन करनेवालों से बात करना नहीं चाहता होगा, इसीलिए आपको भिन्न शैली में अपनी बात कहनी होगी। इसका सर्वश्रेष्ठ तरीका यह है कि संभावित ग्राहक को महसूस हो कि आपने काफी सोच-विचार कर और जाँच-पड़ताल करने के बाद ही उसे कॉल की है। इतना ही नहीं, उसे यह भी आभास होना चाहिए कि फोन करनेवाला समान क्षेत्र का कोई विशेषज्ञ है। ज्यादातर लोग इस तरह की कॉल्स पाकर खुश होते हैं। उन्हें नियमित मिलनेवाली ऊबाऊ कॉल्स की तुलना में ऐसी कॉल अधिक पसंद आती हैं।

प्रथम कॉल के लिए कुछ शब्द

नीचे एक उदाहरण दिया जा रहा है जिसमें रिस्क मैनेजमेंट में कुशल एक आई.टी. कंपनी का सेल्समैन नए ग्राहकों की तलाश कर रहा है। कुछ परिवर्तन कर इन शब्दों का प्रयोग किसी भी उत्पाद या सर्विस को बेचने के लिए किया जा सकता है। मान लीजिए सेल्समैन ग्राहकों की एक सूची सामने रखकर फोन कर रहा है और उसे पता है कि वे सभी ग्राहक उसकी कंपनी की खासियत में रुचि रखते हैं।

'हलो (ग्राहक का नाम), मुझे विश्वास है मैं आपका वक्त बर्बाद नहीं कर रहा हूँ, मुझे फौरन अपनी बात कहनी है। मुझे लगता है कि आप ही ऐसे योग्य व्यक्ति हैं जिससे (कंपनी का नाम) सेल्स की बातें की जा सकती हैं। मेरा नाम (सेल्समैन का नाम) है और मैं (कंपनी का नाम) काम करता हूँ। मैं आपको इसलिए फोन कर रहा हूँ चूँकि मेरी कंपनी आई.टी. के क्षेत्र में रिस्क मैनेजमेंट का काम देखती है और मुझे पता है कि आप अपनी कंपनी में रिस्क मैनेजमेंट का दायित्व सँभालते हैं। मैं सही कह रहा हूँ न?'

ग्राहक या तो हामी भरेगा या इनकार कर देगा। अगर वह कहे कि उसका यह दायित्व नहीं है तो आपको पूछना चाहिए कि उपयुक्त व्यक्ति के बारे

में वह मार्गदर्शन करे, जिससे आप बात कर सकें। हम ऐसे व्यक्ति से मदद की अपेक्षा रखते हैं जो धन, पद रखता हो या जिसकी हमें जरूरत हो। नहीं तो ऐसा व्यक्ति, जो निर्णय को प्रभावित करने में सक्षम हो।

अगर वह व्यक्ति आपकी कसौटी पर खरा साबित हो तो बातचीत को आगे बढ़ाएँ—

"अच्छा (उसका नाम)। फिलहाल मैं परिचय के लिए ही फोन कर रहा हूँ, और कोई बात नहीं है। मेरे पास मेरी कंपनी की दक्षताओं और सेवाओं के बारे में एक पृष्ठ का विवरण है जो मैं आपकी जानकारी के लिए आपको ई-मेल करना चाहूँगा। मेरे पास आपका मेल एड्रेस नहीं है। क्या आप मुझे अपना मेल एड्रेस देंगे?"

इस चरण में ज्यादातर लोग आपको अपना मेल एड्रेस दे देंगे।

"धन्यवाद (उसका नाम)। मैं आपको फोन करूँगा और हफ्ते के अंत में फोन कर आपकी राय जानना चाहूँगा कि क्या हम इस मामले में आगे बढ़ सकते हैं।"

दो या तीन दिनों का अंतर रखकर दूसरा कॉल करना ठीक रहेगा।

प्रत्येक पंक्ति के उद्देश्य की जाँच करें—ये शब्द दो पहलुओं पर केंद्रित होते हैं—

- ऐसे कम ही लोग होते हैं जो पहली बार फोन करनेवाले व्यक्ति के साथ अपने कारोबार के बारे में विस्तार से बातचीत करते हैं।
- प्रत्येक कॉल्स के जरिए आपका लक्ष्य होना चाहिए कि संभावित ग्राहक आपको किसी-न-किसी बात के लिए आश्वस्त करे।

जब हम इन दोनों पहलुओं पर गौर करते हैं तो हमें पता चलता है कि प्रथम कॉल के जरिए हम ज्यादा-से-ज्यादा किसी ग्राहक को अपनी कंपनी संबंधी सूचनाओं को पढ़ने और कुछ दिनों के बाद दोबारा बातचीत करने के लिए सहमत कर सकते हैं। इतना आपके उद्देश्य के लिहाज से काफी होता है।

एक बार फिर आरंभिक पंक्ति की तरफ लौटते हैं—

"हलो (उसका नाम), मुझे उम्मीद है कि मैं आपका कीमती

वक्त नष्ट नहीं कर रहा हूँ। मैं जल्द-से-जल्द अपनी बात पूरी करना चाहता हूँ।''

इस तरह हम शालीनता के साथ घुसपैठ करते हैं। इसके जरिए यह संकेत भी दिया जाता है कि लंबी-चौड़ी बातें पढ़कर सुनाने की जगह आप संक्षेप में अपनी बात कहना चाहते हैं। आप ग्राहक को उसका नाम लेकर संबोधित करते हैं। पंक्तियों की संरचना ऐसी है कि एक प्रवाह बना रहता है। बीच में किसी तरह की रुकावट आपकी उम्मीदों पर पानी फेर सकती है।

फिर आप कहते हैं—

''मेरा नाम... है, मेरी कंपनी का नाम...है।''

यह कहना इसलिए जरूरी है चूँकि लोग अजनबी व्यक्ति का परिचय जानने के बाद ही बातचीत जारी रखने के लिए तैयार होते हैं।

इसके बाद आप कहते हैं—

''मैं आपको इसलिए फोन कर रहा हूँ क्योंकि मेरी आई.टी. कंपनी रिस्क मैनेजमेंट के क्षेत्र में काम करती है और मैं जानता हूँ कि आप अपनी कंपनी में रिस्क मैनेजमेंट का दायित्व सँभालते हैं। क्या मैं सही कह रहा हूँ?''

इस तरह कहने से संकेत मिलता है कि आप केवल चुनींदा लोगों को ही फोन करते हैं और ऐसी स्थिति में संभावित ग्राहक आपकी बातों की तरफ ध्यान दे सकता है। इससे इस बात की भी संभावना बढ़ जाती है कि अगर वे संबंधित दायित्व को नहीं सँभाल रहे हैं तो वे आपको दूसरे व्यक्ति का नाम सुझा सकते हैं।

कई कंपनियों में नियम होता है कि कोई कर्मचारी किसी दूसरे कर्मचारी का फोन नंबर अजनबी व्यक्तियों को नहीं दे सकता, इसीलिए ऐसा न कहें, 'क्या आप इस विभाग को देखनेवाले व्यक्ति का नंबर दे सकते हैं,' बल्कि कहें, 'क्या इस मामले में आप मेरा मार्गदर्शन कर सकते हैं,' अगर आप शालीन शब्दों का प्रयोग करेंगे तो लोग आपकी सहायता करने के लिए तैयार हो जाएँगे।

दूसरा कॉल कैसा हो?

हमारे प्रथम कॉल का उद्देश्य था संभावित ग्राहक को हमारी तरफ से

भेजी जानेवाली सूचना को पढ़ने के लिए राजी करना। द्वितीय कॉल का हमारा लक्ष्य होगा संभावित ग्राहक की स्थिति के बारे में वार्त्तालाप करना। अगर दूसरे कॉल के दौरान बातचीत सकारात्मक नजर आए तो आप एक मुलाकात निश्चित कर सकते हैं। दो चरणों में फोन करने का असली महत्त्व यही है कि आप पूरी तैयारी के साथ संभावित ग्राहक को दूसरी बार कॉल कर सकें।

जब आप दूसरी बार कॉल करेंगे तो संभावित ग्राहक आपसे काफी हद तक खुलकर बातचीत करेगा, क्योंकि—

- अब वह आपको जानता है।
- उसे पता है कि आपने क्यों फोन किया है।
- उसे पता है कि आप विषय को लेकर गंभीर हैं।
- उसे पता है कि आपकी कंपनी क्या करती है?

जब आपने पहली बार संभावित ग्राहक से फोन पर बात की होगी, उसकी तुलना में दूसरी बार आप खुद को अधिक बेहतर स्थिति में महसूस करेंगे।

अगर आप कंपनी के विवरण को ई-मेल से भेजने के चार दिन बाद फोन करेंगे तो तकरीबन 75 फीसदी ग्राहक उस विवरण को पढ़ चुके होंगे। अगर आपसे कोई कहता है, 'मैंने अभी तक नहीं पढ़ा है,' तो आप यही कहें कि हफ्ते भर बाद आप फिर उसे फोन करेंगे।

दूसरा चरण आपके लिए निर्णायक साबित हो सकता है चूँकि कई संभावित ग्राहक ई-मेल पढ़ने के बाद इस नतीजे पर पहुँच सकते हैं कि यह सौदा वे नहीं करना चाहेंगे। यह कोई समस्या की बात नहीं है। कुल मिलाकर आप ग्राहक की तलाश कर रहे हैं और इस प्रक्रिया में जब ग्राहक भी आपको परख रहा होता है तब आपका समय बर्बाद नहीं होता।

ऐसे संभावित ग्राहक भी होंगे जो खुलकर अपनी स्थिति के बारे में बताएँगे और उनमें से कुछ लोगों के साथ आप मुलाकात भी तय करना चाहेंगे। इस प्रक्रिया में आपको वार्त्तालाप में कई विषयों की चर्चा करनी पड़ेगी। आपसे जरूरी दस्तावेज या नमूने की माँग हो सकती है।

दूसरे कॉल में कैसे शब्दों का प्रयोग करें

पहली बात यह है कि हमें संभावित ग्राहक के बारे में निम्न बातों की जाँच करनी चाहिए—

- वह आपको जानता है।
- आपके भेजे ई-मेल को वह पढ़कर अच्छी तरह समझ चुका है।
- इस विषय में बातचीत करने के लिए सही व्यक्ति है। उदाहरण के लिए—इस मामले में वह रिस्क मैनेजमेंट का प्रभारी है।

इन पहलुओं की तसल्ली कर लेने के बाद हमें खुलकर बात करने की जरूरत होगी। आरंभिक चरण में हम तीन महत्त्वपूर्ण बातों का पता लगाना चाहते हैं—

- इस समय वह रिस्क मैनेजमेंट के क्षेत्र में क्या कर रहा है?
- भविष्य में वह रिस्क मैनेजमेंट के क्षेत्र में क्या करने के बारे में सोच रहा है?
- सबसे महत्त्वपूर्ण सवाल, उसकी खरीदारी का उद्देश्य क्या है?

निम्न शब्दों को सबसे पहले कहना चाहिए—

"हलो (ग्राहक का नाम), मुझे उम्मीद है मैं आपकी व्यस्तता में खलल नहीं डाल रहा हूँ। मैं (अपना नाम)...कंपनी से बोल रहा हूँ। पिछले हफ्ते हमने रिस्क मैनेजमेंट के बारे में बातें की थीं और मैंने अपनी कंपनी के बारे में एक पृष्ठ का ब्यौरा आपको भेजा था। आपने पढ़ा होगा?"

इस बिंदु पर आकर लगभग हर संभावित ग्राहक आपको 'हाँ' कहेगा। आप यह भी जोड़ सकते हैं, "क्या आपसे अभी बातचीत की जा सकती है?"

आपके पास ईमेल भेजने की तिथि का ब्यौरा होना चाहिए। अगर ग्राहक को पिछली बातचीत याद करने में दिक्कत हो रही हो तो इस तरह आप उसकी सहायता कर सकते हैं।

फिर आप उसे खुलकर बोलने के लिए प्रेरित करें। इसका मतलब है उससे एक आसान सा सवाल पूछें। जैसे—

"क्या आप मुझे रिस्क मैनेजमेंट की अपनी स्थिति के बारे में कुछ बताना चाहेंगे? जैसे अभी आप क्या कर रहे हैं और भविष्य के लिए आपकी क्या योजना है?"

यहाँ से आपको एक धाराप्रवाह वार्त्तालाप को आरंभ कर देना चाहिए। ग्राहक आपकी तुलना में कितना ज्यादा बोलता है, इसी बात से वार्त्तालाप की सफलता का आप अंदाजा लगा सकते हैं। आपकी तुलना में दो गुना ज्यादा समय तक ग्राहक बोलता रहे तो इसे आदर्श वार्त्तालाप कहा जाएगा। इसका यह अर्थ निकलता है कि आपके सवालों को सुनकर ग्राहक खुलकर अपनी स्थिति के बारे में बताने के लिए तैयार हो चुका है।

इस तरह के वार्त्तालाप के बाद मुलाकात तय करना आसान हो जाता है, ऐसा करना स्वाभाविक अगला कदम नजर आएगा। इसके लिए इस तरह के शब्दों का प्रयोग किया जा सकता है—

"लगता है हमें मिलकर बात करनी चाहिए। क्या आप मीटिंग की तारीख बता सकते हैं?"

जब आप कहेंगे, हमें मिलकर बात करनी चाहिए तो अधिक-से-अधिक अप्वॉइंटमेंट हासिल करने में आप कामयाब हो सकते हैं। अगर आप पूछेंगे— 'क्या आप मुझसे मिलना चाहेंगे?' तो आपको 'न' सुनना पड़ सकता है।

पी.ए. की बाधा से निबटना

अगर पी.ए. की बाधा आपके सामने आ रही हो तो आप क्या करेंगे? ज्यादातर लोग दो तरीके आजमाकर इस समस्या से निबटने की कोशिश करते हैं—

- एक पत्र लिखें। पत्र लिखना या पत्र में कुछ विवरण भेजना बेकार साबित होता है, अगर पी.ए. की बाधा बनी रहती है। कई बार सैकड़ों पत्रों में से किसी एक पत्र का जवाब ही मिल पाता है, इस तरह यह तरीका अव्यावहारिक सिद्ध होता है। आप डाइरेक्टर को पत्र लिखने की जगह सीधे पी.ए. को पत्र लिखकर जवाब के प्रति आशान्वित हो सकते हैं। ऐसा करने पर सुनिश्चित हो जाता है कि पत्र खोला जाएगा, पढ़ा जाएगा और उसे डाइरेक्टर की मेज पर पेश भी किया जाएगा।
- सुबह 8.30 बजे से पहले या शाम 6 बजे बाद फोन करें। ऐसे समय में पी.ए. की मौजूदगी नहीं रहती है और संभावित ग्राहक से आपकी

सीधी बातचीत हो जाती है। कुछ डाइरेक्टर लंबे समय तक कार्य करते हैं और दफ्तर में सुबह या देर रात तक मौजूद रहते हैं। यह तरीका प्रत्येक दिन कुछ घंटों के भीतर ही कारगर सिद्ध हो सकता है।

तो फिर समाधान क्या हो सकता है? शुरू में इस तरह की समस्या की तरफ पर्याप्त ध्यान देना चाहिए। आपने गौर किया होगा कि किस तरह एक कंपनी के डाइरेक्टर किसी दूसरी कंपनी के डाइरेक्टर से अप्वाइंटमेंट आसानी से हासिल कर लेते हैं। इस मामले में वे अपने सेल्समैन की तुलना में अधिक सफल होते हैं—मगर ऐसा क्यों होता है? निश्चित रूप से उनके पद के प्रभाव के कारण ऐसा होता है, मगर सिर्फ इतनी ही बात नहीं होती।

इसका अहम कारण यह है कि डाइरेक्टर अच्छी तरह जानते हैं कि किसी दूसरे डाइरेक्टर से अप्वाइंटमेंट किस तरह लिया जा सकता है। अगर आप उनके तरीके का अनुकरण करेंगे तो आपकी राह में पी.ए. की बाधा नहीं रह जाएगी। आइए देखते हैं कि एक डायरेक्टर दूसरे डायरेक्टर से अप्वाइंटमेंट किस तरह हासिल करता है और कैसे उनका तरीका सेल्समैन के तरीके से अलग होता है।

पी.ए. के साथ वार्त्तालाप

डायरेक्टर को पता होता है कि वह जिस दूसरे डाइरेक्टर को फोन कर रहा है वह शायद व्यस्त हो सकता है। इसीलिए वह सीधे डाइरेक्टर से बात करने की जगह उसकी पी.ए. से बात करने की इच्छा प्रकट करता है। जब सेल्समैन फोन करता है तो वह किसी भी कीमत पर सीधे डाइरेक्टर से बात करने के लिए बेताब नजर आता है।

फोन करानेवाले डाइरेक्टर को मालूम होता है कि एप्वाइंटमेंट तय करने के मामले में पी.ए. के पास असीम शक्तियाँ होती हैं। इसीलिए वह उसके साथ आदर के साथ बातचीत करता है। इसके विपरीत सेल्समैन जब बात करते हैं तो वे पी.ए. को किसी तरह की तवज्जो देने के लिए तैयार नहीं होते हैं। ऐसा तरीका पी.ए. को नाराज कर सकता है। पी.ए. के साथ सभी आदेशात्मक लहजे में ही बात करते हैं और कोई उसके वजूद की अहमियत को स्वीकार करने के लिए तैयार नहीं होता।

वैसी स्थिति में अगर पी.ए. को आदेश देने की जगह कोई आदरपूर्वक बातें करे तो वह उससे जरूर प्रभावित होगी और एप्वॉइंटमेंट तय करने में वह मददगार बनना चाहेगी। पी.ए. को अपने विभाग की गतिविधियों की पूरी जानकारी होती है। वह अपने प्रति आदर जतानेवाले व्यक्ति की कई मायनों में सहायता कर सकती है।

मीटिंग के लिए समय निर्धारित करना

जब मीटिंग के लिए समय निर्धारित करने की चर्चा होती है तो सेल्समैन को अकसर दो विकल्पों को सुझाने की नसीहत दी जाती है। उनसे इस तरह कहने के लिए कहा जाता है, 'मैं इस शुक्रवार को तीन बजे या फिर अगले मंगलवार को 4 बजे मिल सकता हूँ।' इसके विपरीत एप्वाइंटमेंट के लिए फोन करनेवाला डाइरेक्टर जानता है कि दूसरा डाइरेक्टर किस कदर व्यस्त हो सकता है, इसीलिए वह तीन या चार सप्ताह के बाद की कोई तारीख मुलाकात के लिए निर्धारित करता है। इस तरह एप्वॉइंटमेंट लेना आसान हो जाता है।

सेल्समैन जब उतावलेपन का परिचय देते हुए शुक्रवार या मंगलवार को मिलने की इच्छा जाहिर करता है तो उसे मिलने का समय नहीं दिया जाता। इस तरह मुलाकात की संभावना कम हो जाती है। अगर आप तीन या चार हफ्ते के बाद की तारीख की पेशकश करेंगे तो आपकी बात का प्रभाव पड़ेगा और सफल होने की संभावना भी बढ़ जाएगी।

ग्राहक की डायरी के लिए विवरण तैयार रखें

आपका संभावित ग्राहक एक व्यस्त आदमी हो सकता है और फोन पर वार्त्तालाप के बाद उसके साथ मीटिंग करने में तीन से चार हफ्ते का अंतराल हो सकता है। इतना विलंब होने की वजह से ग्राहक मुलाकात के मकसद को भूल सकता है, पी.ए. को इस बात की जानकारी होती है, वह आपसे पूछ सकती है कि मीटिंग के उद्देश्य का विवरण डायरी में दर्ज करने के लिए बता दें। इसलिए आपको इस तरह का संक्षिप्त विवरण तैयार रखना चाहिए। आपका विवरण ऐसा हो जो उल्लेखनीय लगे और जिसे याद रखना आसान हो।

फोन पर वार्त्तालाप के दौरान अन्य समस्याएँ

आपकी सूची पर काफी कुछ निर्भर करता है

अगर आप गुणवत्तायुक्त सूची बनाकर संभावित ग्राहकों को फोन करेंगे तो 80 फीसदी लोग आपके प्रस्ताव के बारे में अधिक-से-अधिक जानने के लिए उत्सुक नजर आएँगे। इस तरह आप अपनी कंपनी का व्यापार बढ़ाने में महत्त्वपूर्ण योगदान करेंगे। लेकिन, खराब गुणवत्तावाली सूची बनाकर फोन करने से आप निराश हो सकते हैं। इसीलिए आपको गुणवत्तायुक्त सूची तैयार करने पर हमेशा विशेष जोर देना चाहिए।

उत्साह के साथ बोलें

अगर आपके बोलने का लहजा प्रभावशाली होगा तो सामनेवाला व्यक्ति निश्चित रूप से प्रभावित होगा। ज्यादातर एप्वॉइंटमेंट फोन पर सुनी गई आवाज के आधार पर मिलता है, जब ग्राहक अंदाजा लगा लेता है कि सेल्समैन जानकार, जोशीला और उत्साह से भरपूर है। जब ये तीनों गुण मिल जाते हैं तो श्रोता पर उसका गहरा असर पड़ता है।

अपने कॉल को असरदार बनाने के लिए याद रखें—

- आपको यह सुनिश्चित करना चाहिए कि बोलते समय ऐसा हरगिज न लगे कि आप किसी चीज को पढ़कर सुना रहे हैं। प्रत्येक कॉल में शब्दों में हेर-फेरकर आप इस तरह के प्रभाव से बच सकते हैं।
- आपके लहजे से आपका आत्मविश्वास और ग्राहक के प्रति दिलचस्पी झलकनी चाहिए। मुस्कराकर बातें करने से ऐसा प्रभाव पैदा किया जा सकता है।
- आपको इस लहजे में बात करनी चाहिए मानो आप एक ऐसे महत्त्वपूर्ण व्यक्ति हैं जिससे ग्राहक को बात करनी चाहिए, इस तरह आपकी बातों का वजन बढ़ जाएगा।
- आपको स्पष्ट रूप से बातें कहनी चाहिए। आमने-सामने की बातचीत में आप जिस रफ्तार में बातें करते हैं, उस रफ्तार को घटाकर 90 फीसदी रफ्तार में बातें करते हुए आप अपना प्रभाव डाल सकते हैं।

सुनिश्चित करें कि आपकी मनोदशा सही है

जब तक आपकी मनोदशा सही न हो, आप अपने भीतर उत्साह और सकारात्मक ऊर्जा महसूस नहीं कर रहे हों, तब तक आपको फोन नहीं करना चाहिए। संभावित ग्राहकों को लगातार फोन करते रहने से आप बुरी तरह थकान महसूस कर सकते हैं, इसीलिए शुरुआत करने से पहले समय सीमा तय कर लें। आरंभ में 30 मिनट या एक घंटे की समय सीमा पर्याप्त हो सकती है। जैसे-जैसे आपके आत्मविश्वास और योग्यता में वृद्धि होगी आप समय-सीमा को बढ़ा सकते हैं। अधिक-से-अधिक समय सीमा 2 घंटे तक निर्धारित करना चाहिए, जिसके बीच में 15 मिनट का अंतराल रखना चाहिए, ऐसा करने के लिए आपको आत्म अनुशासन का सहारा लेना पड़ेगा, इसीलिए आप दृढ़ निश्चय कर लें कि निर्धारित समय सीमा का आप सख्ती के साथ पालन करेंगे। बीच-बीच में अपने आप से पूछें कि क्या आपके लहजे में जानकारी, जोशीलेपन और उत्साह के भाव का मिश्रण मौजूद है।

जब ग्राहक फोन रखे तब आप अपना फोन रखें

ऐसा इसलिए चूँकि कोई भी व्यक्ति दूसरे व्यक्ति के द्वारा फोन काटने की आवाज सुनना नहीं चाहता।

□

प्रतिस्पर्धा में जीतने के सूत्र

अगर आप प्रतिस्पर्धा में जीतना चाहते हैं तो आपको खरीदार के मस्तिष्क को जीतना पड़ेगा।

खरीदार क्या चाहते हैं?

असल में, यह अत्यंत आसान है। खरीदार जब निर्णय ले रहे होते हैं तो वे तीन पहलुओं में संतुलन कायम करने की कोशिश कर रहे होते हैं—

- उनकी प्रमुख चिंता होती है कि उन्हें अच्छी गुणवत्तावाला उत्पाद या सर्विस मिले। उदाहरण के तौर पर अच्छी तरह लिखा गया एक कानूनी दस्तावेज या अच्छी तरह निर्मित एक आई.टी. सिस्टम।
- उनकी दूसरी चिंता समय और लागत को लेकर होती है।
- उनकी तीसरी चिंता होती है कि सटीक खरीदारी का निर्णय लेने के लिए उनके सहकर्मी या वरिष्ठ अधिकारी उनकी सराहना करें। इसी वजह से एक कहावत प्रचलित हुई, 'आई.बी.एम. खरीदनेवाले किसी व्यक्ति को कभी नौकरी से हाथ नहीं धोना पड़ा।'

जब भी आपको प्रतिस्पर्धा का सामना करना पड़े आपको ग्राहक के इस तीन सरोकारों की कसौटी पर स्वयं को कसना चाहिए ताकि आप ग्राहक की इच्छा के अनुरूप आपूर्ति कर सकें। आप देखेंगे 80 फीसदी ग्राहक खरीदारी करते वक्त इन तीन कसौटियों के आधार पर निर्णय लेते हैं।

हालाँकि शुरू में खरीदारी के जटिल उद्‌देश्य उभरकर सामने आ सकते हैं, जो बाद में सिमटकर एक या दो रह जाएँगे, जिनके प्रति ग्राहक वास्तव में गंभीर होता है। ऐसा कम ही होता है जब तीन से ज्यादा उद्‌देश्य सामने आएँ। यह नियम

हर तरह के सेल्स पर लागू होता है। जटिल, बड़े या छोटे सेल्स के पीछे भी यही नियम लागू होता है।

एक और बात याद रखने की जरूरत है। सेल्समैन समझते हैं कि कीमत सर्वाधिक महत्त्वपूर्ण पहलू है, जबकि वास्तव में ऐसा नहीं होता। कीमत पर जरूरत से ज्यादा जोर देने पर ग्राहक को लगता है कि आपकी कंपनी उसे जो चीज देनेवाली है, उसकी गुणवत्ता ठीक नहीं है।

सेल्समैन का वक्त कैसे बर्बाद होता है?

अगर आप सेल्समैन से पूछेंगे कि उसका सबसे ज्यादा वक्त कैसे बर्बाद होता है तो अकसर इस तरह के जवाब सुनने को मिलेंगे—

- यात्रा में
- प्रशासन और रिपोर्टिंग में
- ग्राहक संबंधी सूचनाएँ जुटाने में

आप इनमें से कौन सा उत्तर चुनेंगे?

असल में ये सारे उत्तर गलत हैं। सेल्समैन का सबसे ज्यादा वक्त ऐसे कार्यों के लिए निविदा दाखिल करने में जाया होता है जो कार्य उसे हासिल नहीं हो पाता। सेल्समैन का एक तिहाई वक्त इसी प्रक्रिया में जाया हो जाता है। अगर ऐसे सेल्समैन आरंभ में ही निविदा प्रक्रिया को छोड़ दें तो उनका काफी वक्त बच सकता है। वे अपने वक्त को बर्बाद कर खुद ही अपनी नाकामी को न्यौता देते हैं।

किसी निविदा के लिए जितनी भीड़ होती है, उतना ही उसमें समय बर्बाद होने की संभावना रहती है।

निविदा का खेल

जिस समय खरीदार निविदाएँ आमंत्रित कर रहे होते हैं उस समय उन्हें अकसर अच्छी तरह अंदाजा रहता है कि वे अपना कार्य किस तरह की कंपनी से करवाना चाहते हैं। यह भी हो सकता है कि उनके जेहन में पहले से किसी कंपनी का नाम मौजूद हो, इसके बावजूद वे कई कंपनियों से निविदाएँ आमंत्रित करते हैं। ऐसा हो सकता है कि वे निविदा प्रक्रिया में प्रतिस्पर्धा पैदा करना चाहते हैं या फिर यह उनकी नीति हो सकती है कि हर बार कम-से-कम तीन निविदाओं

पर विचार किया जाए। ऐसी परिस्थिति में प्राथमिकता की सूची से अलग कंपनियाँ महज मोहरे के तौर पर इस्तेमाल की जाती हैं।

जब भी इस तरह का अवसर आए तो पहले अच्छी तरह सोच-विचार कर लें कि कहीं निविदा के खेल में आपको महज मोहरा बनने के लिए आमंत्रित तो नहीं किया जा रहा है?

मेरे बॉस का कहना है हर अवसर का दरवाजा खटखटाओ

क्यों कई डाइरेक्टर कहते हैं कि हर निविदा का पीछा करना चाहिए? ऐसा हो सकता है, कुछ डाइरेक्टर जुआरी प्रवृत्ति के होते हैं—ऐसा व्यक्ति जो हर अवसर के पीछे दौड़ने के लिए तैयार रहता है, भले ही सामने कितनी ही कठिनाइयाँ क्यों न हों। मनोविश्लेषकों का कहना है कि वरिष्ठ बिजनेस अधिकारियों में इस तरह का भाव आम होता है, जिसकी आप कल्पना भी नहीं कर सकते।

इनके अलावा कुछ और वजहें होती हैं जिनके चलते डाइरेक्टर हर निविदा का पीछा करना चाहते हैं—

- कंपनी की राजनीति डाइरेक्टर के स्तर पर अहं के वातावरण में फलती-फूलती है। ऐसे माहौल में जो व्यक्ति मानता हो कि किसी भी कीमत पर निविदा हासिल करना जरूरी है, वह इस तरह अपनी अहमियत को साबित करना चाहता है। अगर वह फूँक-फूँककर कदम उठाने की कोशिश करेगा तो कंपनी की राजनीति उसे कमजोर ठहरा सकती है।
- जब आप निविदा प्रक्रिया के बीच में होते हैं तब आपके लिए अपने जीतने या न जीतने का अंदाजा लगा पाना कठिन हो जाता है।
- जब प्रदर्शन करने का दबाव हो और दूसरे अवसरों की कमी हो तब आप किसी भी अवसर को पकड़ने के लिए बेताब हो जाते हैं।

अगर आप गंभीरता से सोचें कि अगर आपकी कंपनी के सामने अवसर की कमी नजर आ रही है तो ईमानदारी के साथ आपको अपनी स्थिति पर विचार करने की जरूरत है। ऐसा हो सकता है कि आपकी कंपनी दोषपूर्ण आर्थिक माहौल में कार्य कर रही हो या उसने पिछले दो वर्षों में किसी नए बिजनेस की खोज संजीदगी के साथ नहीं की हो। जैसे ही आप समस्या की जड़ तक पहुँच जाएँगे, उसके निदान के लिए जरूरी कदम उठा सकेंगे।

प्रतिस्पर्धी परिस्थिति के चार नियम

1. पहला नियम : अपने शत्रु को पहचानें।

अगर आप अपने प्रतिस्पर्धियों के बारे में कुछ नहीं जानते हैं तो निविदा का एक तिहाई हिस्सा ही आप जीत पाएँगे। जब आप प्रतियोगियों के अलावा अपनी कंपनी की हैसियत को भी जानेंगे तो आप 80 फीसदी सफलता हासिल कर पाएँगे। इसकी वजह यह है कि जब आप प्रतियोगियों की ताकत और कमजोरी को जान लेते हैं तब हर परिस्थिति का सामना करने के लिए अपने आपको तैयार कर सकते हैं।

इसीलिए आपको खरीदार से प्रतियोगियों के बारे में पूछना चाहिए क्योंकि कई खरीदार पूछने पर आसानी से प्रतियोगियों के नाम बता सकते हैं। अगर वे नाम नहीं बताएँगे तो कम-से-कम इतना तो बता ही देंगे कि आपको किस तरह की प्रतियोगिता का सामना करना पड़ेगा। यह सूचना आपके लिए बहुत उपयोगी साबित होगी।

जिस तरह आप निविदाओं के बारे में सूचनाएँ एकत्रित करते हैं, उसी तरह प्रतियोगियों के बारे में भी सूचनाएँ एकत्रित करने की व्यवस्था करनी चाहिए।

कई बार खरीदार की तरफ से भेजे गए दस्तावेजों की मदद से आप प्रतियोगियों के बारे में सूचनाएँ जुटा सकते हैं।

2. नियम दो : अपनी कंपनी का चित्रण विशेषज्ञ के रूप में करें

मानव व्यवहार के प्रत्येक क्षेत्र में आम लोगों की तुलना में विशेषज्ञ बेहतर प्रदर्शन करते हैं। ज्यादातर खरीदार इस बात की तरफ विशेष रूप से ध्यान देंगे।

3. नियम तीन : प्रतियोगी पर वार न करें

बिलकुल ऐसा करने की जरूरत नहीं है, क्योंकि इससे आपको ही नुकसान हो सकता है। प्रतियोगी की कमजोरी को उजागर करने का सर्वश्रेष्ठ तरीका यही है कि खरीदार को अपने आप उसकी कमजोरी का पता चल जाए। आप खरीदार की सोच को प्रेरित कर अपने सशक्त पक्षों और प्रतियोगी के कमजोर पक्षों की तरफ ध्यान आकर्षित कर सकते हैं।

4. नियम चार : प्रतियोगी की तुलना में अधिक शालीन बनें

हम जानते हैं कि लोग कंपनियों से नहीं, व्यक्ति से कुछ भी खरीदते हैं। अगर ग्राहक कार्य-प्रेरित की जगह व्यक्ति-प्रेरित हो तब यह और भी अधिक महत्त्वपूर्ण हो जाता है। अपने प्रतियोगी की तुलना में अधिक शालीन बनकर आप ग्राहक पर गहरा प्रभाव छोड़ सकते हैं। ज्यादातर लोग शालीनता की शक्ति को पहचानने की कोशिश नहीं करते।

औपचारिक निविदा प्रक्रिया में आपकी भागीदारी

कई निविदाओं के लिए औपचारिक प्रक्रियाएँ पूरी की जाती हैं। आपको खरीदारी कमेटी के सामने उपस्थित होना पड़ता है या किसी और समय आपको उपस्थित होना पड़ता है। दोनों ही समय आपको पिछली उपस्थिति के ब्यौरे के बारे में पूछना चाहिए।

- आपूर्तिकर्ताओं से बातचीत करते हुए खरीदार अपनी जरूरतों को संशोधित करते हैं। इसीलिए पिछली मीटिंग में भाग लेनेवाले आपूर्तिकर्ता को उन जरूरतों का सटीक ब्यौरा मिल सकता है।
- खरीदार प्रत्येक आपूर्तिकर्ता के साथ खुलकर बात कर सकता है। यह महज मानव स्वभाव है। वे पिछली मुलाकात के आधार पर दूसरी मुलाकात में और भी अधिक खुलकर बातें कर सकते हैं।

□

प्रपोजल कैसे लिखें?

"जिसे लापरवाही के साथ लिखा जाता है उसे बेदिली के साथ ही पढ़ा जा सकता है।"

—सैमुअल जॉनसन

लिखित प्रपोजल के दो अहम पहलू होते हैं—अच्छी संरचना और अच्छी भाषा। लिखने के लिए संरचना महत्त्वपूर्ण होती है।

किसी सेल्स प्रपोजल की तभी स्पष्ट संरचना होगी जब उसे लिखनेवाले की सोच स्पष्ट होगी। विचारों को स्पष्ट रूप से लिखने के लिए आप अपने प्रपोजल की संरचना चार चरणों में कर सकते हैं। ज्यादातर लोग इस तकनीक को अपनाकर प्रपोजल लेखन के मामले में महारत हासिल कर सकते हैं। ये तकनीक इस प्रकार हैं—

- **चरण 1. संरचना**

  पहला चरण एक लिखित योजना है जिसमें प्रपोजल की संरचना का वर्णन होता है। इसकी वही भूमिका होती है जो भूमिका शरीर में कंकाल की होती है।

  प्रथम चरण में अध्यायों के शीर्षकों और उप-शीर्षकों का क्रमानुसार उल्लेख होता है। अगर प्रपोजल दो पृष्ठों से भी कम है तो इसमें प्रत्येक पैराग्राफ के विषय को रेखांकित किया जाता है।

- **चरण 2. शब्द**

  चरण 2 आपके तैयार आलेख का पहला प्रारूप होता है। जैसे ही आप इसे लिखते हैं, इसे समीक्षा करने के लिए अपने किसी सहकर्मी को दे दें।

- **चरण 3. अंतिम प्रारूप**

  इस चरण में सहकर्मी की समीक्षा के दौरान सुझाई गई गलतियों में संशोधन

किया जाता है। इस तरह कई गलतियाँ हो सकती हैं जिन्हें सुधारने की जरूरत हो सकती है। संशोधन करने के बाद आलेख को फिर समीक्षा के लिए दे दें। हो सकता है अभी भी उसमें संशोधन की गुंजाइश हो।

- **चरण 4. भेजने के लिए तैयार**

प्रपोजल के अंतिम स्वरूप की आखरी बार जाँच कर लें। ऐसा करने के बाद उसे भेजा जा सकता है।

तो इसे इस तरह करने की जरूरत क्यों पड़ती है? यह प्रक्रिया मोटे तौर पर सरल होती है, मगर इसके चार फायदे होते हैं—

- **इससे विचार शृंखलाबद्ध बनते हैं**

  ज्यादातर सेल्स प्रपोजल की सबसे बड़ी कमजोरी यही होती है कि आरंभ में उनके विचारों को अच्छी तरह उभारा नहीं जाता। आर्किटेक्ट के नक्शे की सहायता लिए बगैर मकान बनाने की तरह इसमें गलती हो सकती है। प्रथम चरण आपको प्रपोजल के बारे में सोचने के लिए मजबूर करता है और इससे आपको सही संरचना तैयार करने में मदद मिलती है।

- **अशुद्धियाँ नहीं रह जातीं**

  जो लोग नियमित रूप से प्रपोजल पढ़ते हैं वे आपको बता सकते हैं कि उनमें कितनी गलतियाँ होती हैं। दूसरे और तीसरे चरण की मदद से इस तरह की समस्या को हल किया जा सकता है।

- **तेजी से कार्य हो पाता है**

  आपके कार्यालय में जो निविदा दस्तावेज आते हैं उनका जवाब भेजने की समय सीमा कम होती है। इस प्रक्रिया को अपनाकर आप समय सीमा के भीतर प्रपोजल तैयार कर सकते हैं चूँकि प्रपोजल लिखने की प्रक्रिया आपके लिए शृंखलाबद्ध बन जाती है और आप प्रत्येक चरण को पूरा करने की तारीख निर्धारित करने की स्थिति में होते हैं।

- **इस कार्य को आप टाल नहीं सकते**

  जब तक आप संरचना पर विशेष ध्यान नहीं देंगे तब तक स्तरीय प्रपोजल तैयार करना मुमकिन नहीं होगा। आप इस कार्य को टाल नहीं सकते। ऐसा करने पर अंत में आपको ज्यादा मेहनत करनी पड़ सकती है। संरचना की जाँच आरंभ में ही कर लेना ठीक रहता है।

प्रपोजल में क्या होना चाहिए?

पहली नजर में आपके कार्यालय में प्रपोजल के लिए आनेवाले अनुरोधों में

भिन्नता नजर आएगी। लेकिन जब आप गौर करेंगे कि आपसे क्या अनुरोध किया जा रहा है तो उनमें एक किस्म की समानता नजर आएगी। इसका अर्थ होगा--

- आपके जवाब में भी काफी समानता होगी।
- ऐसे जवाब तैयार करने के लिए प्रपत्र बनाने में थोड़ा समय लगाना उचित होगा।

प्रथम अनुच्छेद : प्रबंधन विवरण

यह अनुच्छेद बिजनेस संदर्भ को ध्यान में रखकर लिखा जाता है, इसे सेल्समैन की जगह ऐसे लोग अधिक बेहतर तरीके से लिख सकते हैं जो आपके पेशे के तकनीकी पहलू के बारे में अधिक जानकार हों। यही वह एकमात्र हिस्सा होगा जिसे वरिष्ठ अधिकारी गौर से पढ़ना चाहेंगे, इसीलिए इसमें आपके प्रपोजल के सार को समाहित करना होगा।

इसके अलावा प्रबंधन विवरण ही एकमात्र ऐसा हिस्सा है जो प्रपोजल के चार चरणों की संरचना के अंतर्गत नहीं आता है। प्रपोजल में यह हिस्सा भले ही सबसे पहले आता है, मगर इसे आपको सबसे अंत में लिखना चाहिए।

प्रबंधन विवरण की तैयारी

- ग्राहक की स्थिति का संक्षिप्त विवरण तैयार करें।
- आप क्या प्रस्ताव देना चाहते हैं उसे संक्षेप में लिखें।
- यह तय करें कि आप उस कार्य को कैसे अंजाम देंगे। अगर संभव हो तो इसे चार या पाँच बिंदुओं में रेखांकित करें।
- संक्षेप में बताएँ कि आपकी कंपनी इस कार्य के लिए क्यों सबसे बेहतरीन साबित होगी और ग्राहक किस तरह लाभान्वित हो सकेगा। इस बात को अलग-अलग बिंदुओं में रेखांकित करें।

अनुच्छेद 2 : परिचय

यह एक संक्षिप्त हिस्सा होना चाहिए जो महज एक पैराग्राफ का होना चाहिए। इसमें ग्राहक के साथ हुई मीटिंग का संक्षिप्त ब्यौरा होना चाहिए जिसके आधार पर आपने प्रपोजल तैयार किया है और मीटिंग में शामिल हुए लोगों के नामों का भी उल्लेख होना चाहिए। परिचय में बैठक की काररवाई का ब्यौरा देने की जरूरत नहीं है। इसे अगले हिस्से के लिए छोड़ देना चाहिए।

परिचय का मूल उद्देश्य प्रभाव पैदा करना है और यह दर्शाना है कि आपका रिकार्ड बेहतरीन है।

परिचय की तैयारी

- आपको पिछली मीटिंग की तारीख और उसमें शामिल होनेवाले व्यक्तियों के नामों का उल्लेख करना चाहिए, जिसके आधार पर प्रपोजल को तैयार किया जा रहा है।
- अगर आप ग्राहक के अनुरोध पर प्रपोजल तैयार कर रहे हैं तो इस बात का उल्लेख करना चाहिए।

अनुच्छेद 3 : आवश्यकताओं के बारे में आपकी जानकारी

हम अब तक समझ चुके हैं कि आपसी तालमेल और मुलाकात की सहमति के आधार पर सेल्स निर्भर करता है। इसीलिए इस हिस्से में आपको ग्राहक के सामने दर्शाना होगा कि आप उसकी परिस्थितियों से अच्छी तरह परिचित हैं। मीटिंग में लिए गए नोट्स के आधार पर इस हिस्से को प्रभावशाली बनाया जा सकता है।

आवश्यकताओं के बारे में आपकी जानकारी की तैयारी

- ग्राहक की कंपनी और उसके व्यावसायिक माहौल के बारे में अपना नजरिया लिखें।
- तकनीकी परिस्थितियों का आकलन करें।
- किसी खास मुद्दे का उल्लेख करें।
- इन मुद्दों को सफलतापूर्वक हल करने से होनेवाले फायदे का वर्णन करें।

अनुच्छेद 4 : कार्य के लिए आपकी कंपनी की योग्यता

इस हिस्से में दर्शाना चाहिए कि इस कार्य के लिए आपकी कंपनी क्यों सबसे अधिक योग्य है। आप इसके लिए कई तरह के तर्कों की सूची देना चाहेंगे, लेकिन ऐसा करना ठीक नहीं होगा। आपको ज्यादा-से-ज्यादा तीन या चार वजहों का ही उल्लेख करना चाहिए।

कार्य के लिए आपकी कंपनी की योग्यता की तैयारी

- बताएँ कि आप कार्य को पूरा करने में विश्वास रखते हैं और कार्य के लिए आपकी कंपनी सर्वाधिक योग्य साबित हो सकती है।
- अपने तर्क के समर्थन में कंपनी की खूबियों की सूची दे सकते हैं।

अनुच्छेद 5 : कार्य योजना

इस हिस्से में बताएँ कि आपकी कंपनी किस तरह कार्य को पूरा करेगी। प्रपोजल के हालात के आधार पर आप यह भी बता सकते हैं कि आपकी कंपनी कितने दिनों के भीतर कार्य को पूरा कर सकती है। या आप यह भी बता सकते हैं कि कार्य का एक हिस्सा कितने दिनों में पूरा हो सकता है।

कार्य योजना की तैयारी

- बताएँ कि आप किस तरह कार्य शुरू करनेवाले हैं। अगर आप सर्विस बेच रहे हैं तो इसके बारे में कुछ पंक्तियाँ लिखें कि आप किस तरह कार्य को करेंगे।
- इसके बाद आप देखना चाहेंगे कि तकनीकी रूप से क्या संभव हो सकता है। इस संबंध में अपनी प्रक्रिया के बारे में कुछ पंक्तियाँ लिखें।
- इसके बाद आप ग्राहक को कुछ परामर्श देना चाहेंगे, उसके बारे में भी कुछ पंक्तियाँ लिखें।

अनुच्छेद 6 : लागत

स्पष्ट और खुलकर ग्राहक को लागत के बारे में बताएँ। सर्विस के मामले में अपनी दैनिक दर, आपके अन्य खर्च एवं शुल्क के बारे में संक्षेप में लिखें। उत्पाद के मामले में डिलीवरी की स्पष्ट परिभाषा और बिलिंग की तिथि के बारे में लिखें।

जब आप प्रपोजल का यह हिस्सा लिखते हैं तो स्पष्टवादिता आपके लिए लाभदायक सिद्ध हो सकती है, चूँकि इस चरण में टाले गए मुद्दे बाद में समस्या बनकर सामने आ सकते हैं—और जब ऐसा होगा तो ग्राहक और आपके बीच भरोसे को नुकसान पहुँच सकता है। सेलिंग के क्षेत्र में भरोसा काफी अहमियत रखता है और विक्रय की प्रक्रिया के प्रत्येक चरण में भरोसे को मजबूत बनाने की जरूरत होती है। अपनी लागत के बारे में स्पष्ट रवैया अपनाकर आप ग्राहक का भरोसा जीत सकते हैं। आप देखेंगे कि दूसरे प्रतियोगी इस मामले में आपसे पीछे भी रह सकते हैं। एक ऐसी स्थिति की कल्पना कीजिए जब आपने उपकरण किराया, वैट आदि तमाम खर्च का ब्यौरा प्रस्तुत किया है और आपके प्रतिस्पर्धियों ने ऐसा कोई ब्यौरा प्रस्तुत नहीं किया है। ग्राहक की नजरों में आप सर्वाधिक ईमानदार सेल्समैन बनकर उभरेंगे।

लागत की तैयारी

- आपको बताना होगा कि आपने प्रपोजल में निश्चित कीमत का उल्लेख

किया है या समय और सामग्री के आधार पर लागत का निर्धारण किया जाएगा। अगर समय और सामग्री के आधार पर लागत का आकलन किया जाए तो आपको बताना होगा कि आपका अनुमान किस कदर सटीक है।

- आपको लागत को टुकड़ों में विभाजित कर प्रस्तुत करना चाहिए ताकि उन्हें समझना आसान हो। उदाहरण के लिए नीचे एक तालिका दी जा रही है—

लागत को स्पष्ट रूप से प्रस्तुत करें

कार्य	विशेषज्ञ द्वारा बिताए गए दिन		लागत
	प्रतिदिन दर 1000 रुपए	प्रतिदिन दर 400 रुपए	
प्रोजेक्ट डिजाइन	0.25	0.5	450.00
क्रियान्वयन		3	1200.00
टेस्टिंग		1	400.00
प्रोजेक्ट मैनेजमेंट	0.5		500.00
कुल			2,550.00

अनुच्छेद 7 : संभावित अगला कदम

जिस तरह कोई मनुष्य कार्य के लिए अनुरोध कर सकता है, उस तरह आपका प्रपोजल कार्य के लिए अनुरोध नहीं कर सकता। मगर आप प्रपोजल के इस हिस्से में कार्य के एक अंश को मंजूर करने का अनुरोध कर सकते हैं जिसे जल्द ही शुरू किया जा सकता है।

संभावित अगले कदम की तैयारी

- ग्राहक से अपने अनुरोध को स्वीकार करने के लिए कहें।
- आप अपनी निविदा की वैधता के लिए एक समय सीमा तय कर सकते हैं।

□

अनुबंध की प्रक्रिया को सहज कैसे बनाएँ

"कूटनीति ऐसी कला है जिसमें सच को बगैर चोट पहुँचाए कहा जाता है।"

—विंस्टन चर्चिल

अनुबंध तैयार करने के पीछे दो प्रमुख कारण हैं। पहला, आपके हितों की इस तरह सुरक्षा होती है। दूसरा, इससे हर बात स्पष्ट हो जाती है।

अनुबंध के साथ वैधानिक पहलू जुड़ा रहता है। अगर आप कानून के प्रति उदासीन हैं तो इस पहलू के प्रति आप दिलचस्पी महसूस नहीं कर सकते हैं। लेकिन यह सेल्स का एक अनिवार्य हिस्सा है जिस पर विशेष रूप से ध्यान देने की जरूरत है, ताकि भविष्य में किसी तरह की समस्या पैदा न हो सके।

एक नया अनुबंध मूल्यवान दस्तावेज होता है जिसे अपने हित में सहेजकर रखने की जरूरत होती है। अनुबंध होने के कुछ दिनों के बाद ऐसी आपत्तियाँ सामने आती हैं जिनको लेकर दोनों पक्षों के बीच मतभेद उभर सकता है। मतभेद होने पर किसी एक पक्ष का नाराज होना स्वाभाविक हो सकता है मगर अनुबंध साथ रहने से इस तरह के टकराव की नौबत को सहजता के साथ टाला जा सकता है। कार्य के लिए सहमति होने पर दोनों पक्ष मिलकर शर्तनामा तैयार करते हैं और फिर वकील को दे देते हैं, जो उसे कानूनी अनुबंध का रूप प्रदान कर देता है।

अनुबंध में क्या होना चाहिए?

नीचे अनुबंध की तैयारी के प्रथम चरण के बारे में बताया गया है, जिसमें आपके 90 फीसदी कार्य का समावेश किया जाएगा।

1. प्रत्येक पक्ष का विवरण

अनुबंध में आपके और ग्राहक के नाम, पता एवं संपर्क के ब्यौरे दिए जाएँगे। अकसर दोनों पक्षों के प्रोजेक्ट मैनेजर या प्रोजेक्ट के स्वामी के नाम दर्ज किए जाते हैं। दोनों तरफ के उच्च अधिकारी का ब्यौरा भी दिया जा सकता है।

2. सौदे का विवरण

आपको इसमें विस्तृत प्रोजेक्ट प्लान का उल्लेख करना चाहिए या सर्विस और डिलीवरी के अलग-अलग चरणों के बारे में हुई सहमति का उल्लेख करना चाहिए। आपको सरल भाषा में सौदे का वर्णन करना चाहिए।

3. समय सीमा का उल्लेख

सभी प्रोजेक्टों के लिए इसकी जरूरत होती है। आपको वादा करने से पहले अच्छी तरह समय सीमा के बारे में विचार कर लेना चाहिए।

4. रकम संबंधी जानकारी

इसका अर्थ है दो चीजों को स्पष्ट करना : शुल्क दर और भुगतान की तिथियाँ।

5. गोपनीय शर्तें

ग्राहक इस तरह की शर्तों के लिए अनुरोध कर सकते हैं क्योंकि उन्हें डर लगता है कि कठिन मेहनत और मौलिक सोच का अनुकरण प्रतियोगी कर सकते हैं। अगर आपसे ऐसा अनुरोध किया जाए तो आपको इसे स्वीकार कर लेना चाहिए।

6. सुरक्षा

कई ग्राहकों को सुरक्षा की चिंता सताती रहती है, जो स्वाभाविक है। आपको मानवीय तरीके से ग्राहक की सुरक्षा की चिंता का निवारण करना चाहिए। इस मामले में आपको कोई नुकसान नहीं होनेवाला है।

7. समस्याओं को सुलझाने पर सहमति

कार्य शुरू होने से पहले इस बात पर सहमति होने से आप भविष्य में काफी तनावों से बच सकते हैं।

8. देनदारियों की सीमा का निर्धारण

इन अनुच्छेदों का वर्णन करने की जिम्मेदारी वकीलों पर छोड़ देनी चाहिए।

आपको केवल आम सिद्धांतों पर सहमत होने की जरूरत है। ऐसे सिद्धांतों तक पहुँचने के लिए आपको यह सोचने की जरूरत है कि अगर आपकी कंपनी की तरफ से अनुबंध का उल्लंघन होगा, वैसी स्थिति में क्या होगा। दो बातें महत्त्वपूर्ण हैं—

- क्या आपने देनदारियों की सीमा का निर्धारण किया है? अगरअनुबंध के आधार पर ही नुकसान का आकलन किया जाता है। तय करें कि मूल्य निर्धारण उचित किया गया है या नहीं।
- क्या आपकी कंपनी ने पेशेवर बीमा करवा रखा है।

9. आप किस तरह का अनुबंध चाहते हैं?

आपको यह निर्धारित करना होगा कि क्या आपका अनुबंध समय और सामग्री पर आधारित होगा। समय और सामग्री का अर्थ है कि आप केवल स्टाफ या उत्पाद की आपूर्ति करेंगे। निश्चित लागत का अर्थ है कि आप कोई कार्य पूर्व निर्धारित लागत पर करना चाहते हैं। सबसे अहम मुद्दा यह होगा कि जब अतिरिक्त समय में कार्य करना होगा तो उसका भुगतान कौन करेगा।

वकील से सावधान रहें

आपको कभी भी ग्राहक के वकील के दस्तावेजों पर तब तक सहमति नहीं जतानी चाहिए जब तक आपका अपना वकील आपसे ऐसा करने के लिए न कहे। दस्तावेज आपको सही और स्पष्ट लग सकता है मगर उसमें वर्णित शब्दों के कुछ अलग अर्थ निकल सकते हैं जिन्हें केवल वकील ही समझ सकते हैं।

अगर आपको अनुबंध के बारे में दूसरे पक्ष के वकील से चर्चा करनी है तो सबसे पहले अपने वकील की राय ले लें। वैसी स्थिति में आपका वकील आपको सही सलाह दे पाएगा और आप समझ जाएँगे कि कौन सी बातें अधिक महत्त्वपूर्ण हो सकती हैं।

जब अनुबंध पर हस्ताक्षर हो जाएँ

- ग्राहक को कार्य के लिए धन्यवाद कहें। कई सेल्समैन ऐसा करना अकसर भूल जाते हैं।
- ग्राहक से नियमित अंतराल पर मुलाकात का प्रावधान रखें ताकि आप सुनिश्चित कर सकें कि आपकी कंपनी की सेवा से ग्राहक संतुष्ट बना रहे।

□

औसत और श्रेष्ठ सेल्स प्रदर्शन में फर्क कैसे पैदा होता है?

"मुझे औसत योग्यता मगर असाधारण आकांक्षावाले किसी आदमी को दिखाओ, मैं बता सकता हूँ कि विजेता वही बनेगा।"

—एंड्रयू कार्नेगी, प्रसिद्ध उद्योगपति

अब तक आप विक्रय-कला की बारीकियों, सूत्रों और उपायों के बारे में काफी कुछ जान चुके होंगे। इसके बाद अगला चरण होगा कि आप इन सूत्रों पर अमल करने की कोशिश करें। दैनंदिन जीवन में इन सूत्रों का तब तक अभ्यास करें जब तक यह आपकी आदत का हिस्सा न बन जाए, इस पुस्तक का उपयोग सेल्स के क्षेत्र में श्रेष्ठ प्रदर्शन करने के लिए आप कर सकते हैं।

सेल्स के संबंध में सैद्धांतिक ज्ञान आपकी एक हद तक सहायता कर सकता है। इस क्षेत्र में आपको बुलंदी की तरफ 'प्रेरणा' ले जा सकती है। सेल्स के मामले में आंतरिक प्रेरणा, ऊर्जा का संचार कर देती है।

प्रेरणा कैसे पैदा होती है?

कई पुस्तकों में प्रेरणा को आवेगों के जटिल समूह के रूप में दर्शाया गया है, मगर हकीकत में इसके केवल दो ही घटक होते हैं—

1. आकांक्षा
2. उम्मीद

और कुछ नहीं। एक सेल्समैन के लिए उम्मीद का अर्थ है कि आपको लक्ष्य हासिल करने के मौकों पर भरोसा करना होगा। जहाँ तक आकांक्षा का सवाल है,

यह आपके अंदर से पैदा होती है। आकांक्षा पैदा करने का सर्वाधिक व्यावहारिक तरीका यही है कि आप अपने लिए कुछ लक्ष्य निर्धारित करें।

तो आपके लक्ष्य क्या हैं? जब आप इसके बारे में गहराई से विचार करेंगे तो पाएँगे ज्यादातर लोगों के जीवन के तीन बुनियादी लक्ष्य होते हैं, जो इस प्रकार हैं—

1. खुशहाली हासिल करना
2. प्रतिष्ठा प्राप्त करना
3. दौलत

ज्यादातर लोग इन्हीं लक्ष्यों को ध्यान में रखकर कार्य करते हैं और अपने कार्य के जरिए आनंद भी प्राप्त करते हैं। असली फर्क प्राथमिकताओं को लेकर होता है। कुछ लोग दौलत को तो कुछ लोग प्रतिष्ठा को प्राथमिकता देते हैं।

प्रेरणा का संबंध इन्हीं लक्ष्यों के साथ होता है। आकांक्षा और उम्मीद। इन प्रेरणाओं के साथ दक्षताओं को सीखकर आप सेल्स के क्षेत्र में शिखर तक पहुँच सकते हैं। इसके बाद आपको सिर्फ एक आखिरी चीज की जरूरत रह जाती है…

आपको किस्मत का सृजन करने की जरूरत है

बाहर से देखने पर लगता है कि श्रेष्ठ सेल्समैन पर किस्मत की विशेष मेहरबानी होती है। यह सच है कि उनमें से कुछ वास्तव में खुशकिस्मत होते हैं। अच्छी खबर यह है कि आप भी अपनी किस्मत का सृजन कर सकते हैं। निम्न सूत्रों को अपनाकर आप अपनी किस्मत का सृजन कर सकते हैं—

1. अगर आप खुले, आशावादी और नए अनुभव की खोज करने के प्रति उत्सुक रहेंगे तो आपके सामने ज्यादा-से-ज्यादा अवसर आएँगे।
2. आपको अपनी टीम के नकारात्मक सोचवाले सेल्समैन के साथ वक्त नहीं गुजारना चाहिए। ऐसे लोग आपके मनोबल को कमजोर करते हैं।
3. याद रखें, एक चीज बेचने के तुरंत बाद नए ग्राहक की तरफ बढ़ें। आलस्य से बचें।
4. विश्वास रखें कि अंत में हर चीज अच्छी होती है।
5. आपको अपने दिल की आवाज और माहौल की तरफ ध्यान देना चाहिए। इनकी मदद से आप अवसर की पहचान कर सकते हैं।
6. चाहे हालात जितने भी खराब हों, आप जीतने का हौसला रखें।
7. प्रतिकूल परिस्थितियों में भी धैर्य बनाए रखें।

□□□